AF637394

DAS EINFACHSTE BROT DER WELT

AXEL SCHMITT

DAS EINFACHSTE BROT DER WELT

Geniale Rezepte für Brot, Brötchen und Süßes

THEORIE

Who the f... is Axel? 10

Rohstoffe 16

Getreide und Mehle 18

Was es sonst noch braucht 20

Natursauerteig selbst herstellen 23

Werkzeuge 26

Techniken 30

Fachbegriffe 34

REZEPTE

Megaeinfache Rezepte für Beginner 38

Alltagsgebäck in geil – im Axel-Style 63

Axel on fire:
Der Ofen ist nicht die Grenze 88

Backen für Angeber 115

Zero Foodwaste 140

Backen in Wacken –
Lieblingsrezepte, die rocken 156

Direkt vom Index:
verboten gute Backwerke 171

Sachregister 186

Rezeptregister 187

Liebe Backwütige,

Backen kann eine Wissenschaft sein – und für uns Bäckermeister ist es das auch. Es müssen nicht nur die richtigen Rohstoffe ausgesucht, sondern auch die natürlichen biochemischen Prozesse während der Knetung, der Fermentation und des Backens gesteuert werden. Und das mit nur einem Ziel: ein optimales Produkt in täglich möglichst gleichbleibender Qualität herzustellen.

Das ist aber nicht meine einzige Motivation, nein, ich will noch mehr: nämlich jedem den Spaß am Backen vermitteln – auch und gerade den absoluten Anfängern unter euch bzw. denjenigen, die sich noch nicht trauen. Denn Backen kann so einfach sein. Weshalb auch mein Motto lautet: Keine Vorkenntnisse, keine Ahnung, kein Equipment? Wunderbar!

Die Rezepte, die ich für euch kreiert habe, wurden von mir so optimiert, dass sie immer funktionieren. Keinerlei aufwendige Backtechniken oder High-End-Geräte sind notwendig – teilweise reichen sogar eure bloßen Hände aus. Auf den vorderen Seiten meines ersten Buchs (ja, für mich ist das hier auch Premiere!) gibt es ein paar Tipps, welche Zutaten maßgeblich für euren Teig sind, wie er weich und geschmeidig, vor allem aber lecker wird. Und falls ihr das ein oder andere noch nicht gebacken bekommt – auch nicht tragisch, denn: Es ist noch kein Meister vom Himmel gefallen!

Ihr müsst also nur noch an euch glauben – und loslegen! Dass euch die Brote, Brötchen und süßen Teilchen gelingen, davon bin ich schwer überzeugt. Dies bestätigt mir auch immer wieder das enorm positive Feedback, das ich von den Social-Media-Nutzern und Fernsehzuschauern, die meine Sendungen und Videos sehen, bekomme: Sie haben mit meinen Rezepten nicht nur das Backen begonnen, sondern sind auch noch dabeigeblieben und backen selbst ihr täglich Brot.

Also, Leute: Auf geht's! Oder noch besser: Back ma's!
Viel Spaß dabei wünscht euch euer

Axel Schmitt

THEORIE

Who the f... is Axel?

Weil ich ein positiver Mensch bin und in meinen Backsendungen oft so lustig im Fernsehen herumspringe, könnte fast der Eindruck entstehen, mein Leben wäre ein einziges Feuerwerk. Das war es aber nicht - zumindest nicht immer ...

Hartes Brot

Gern nehme ich euch mit hinter die Kulissen, in meine ganz persönliche Backwelt, in die ich quasi hineingeboren wurde. Und zwar Anfang der 1980er-Jahre in Frankenwinheim, einem kleinen Dorf in Unterfranken, in dem ich bis heute lebe. Meine Eltern besaßen in dritter Generation eine Bäckerei - meine Wurzeln liegen also seit jeher im Bäckerhandwerk. Nur einfach waren die Zeiten damals nicht. Das 100 Jahre alte Haus war mehr als marode, und das Geld reichte hinten und vorn nicht. Es musste viel und hart gearbeitet werden, das meiste dabei wurde von Hand erledigt. Die einzige Maschine, die es in der Backstube gab, war ein uralter Teigkneter. Selbst der Ofen wurde noch mit Kohle beheizt. Meine Eltern standen hinten in der Backstube und meine Großmutter vorn im Geschäft hinter der Verkaufstheke.

Die Brötchen verdienen

Nachdem meine ganze Familie Tag und Nacht arbeitete, blieb natürlich wenig Zeit, um sich mit mir zu beschäftigen und mir die große, weite Welt zu zeigen. Und so wurde die Backstube zu meinem Spielplatz, hier wurde ich groß: Schon als kleines

Kind schälte ich Mandeln, mahlte Semmelmehl und rupfte Holzstücke aus den Obstkisten, damit später der Ofen damit angefeuert werden konnte. Während andere Kinder im Sand spielten, mischte ich mit einer Holzschaufel den Sauerteig. Nicht immer zu meinem Vergnügen, denn als ich älter wurde, musste ich extra vom Fußballtraining nach Hause sausen, um den Sauerteig mit einem großen Paddel umzurühren. Täglich um 17 Uhr. Ab und an übernahm mein Vater für mich den »Sauerteigdienst«. Spätestens da hatte ich eine ungefähre Ahnung, woher die Redewendung »sauer verdientes Geld« im wahrsten Sinne des Wortes »rührt«, denn meine Eltern entlohnten mich natürlich dafür. Und gegen ein bisschen Taschengeld aufbessern hatte ich nichts einzuwenden, selbst wenn ich dafür zwei bis drei Stunden mit der Drahtbürste die Bleche schrubben musste. Immerhin bekam ich dafür wöchentlich 20 DM und konnte mir mit meinem hart verdienten Geld meine heiß geliebten Heavy-Metal-Kassetten kaufen – aber dazu gleich mehr …

Der besondere Kindergarten schulte auf alle Fälle meine Sinne bis aufs Feinste! Bis heute rieche, fühle und schmecke ich kleinste Unterschiede in Rohstoffen,

Teigen und Gebäcken. Backen besteht einfach aus viel Gefühl, noch mehr Geduld und einer riesengroßen Portion Erfahrung.

Ein Ei drauf backen

Meinen Ausgleich dazu fand ich schon früh in der Musik. In sehr, sehr lauter Musik. So, wie mein großer Cousin sie hörte – und so wie er wollte ich unbedingt werden –, er liebte nämlich Heavy Metal. Also probierte ich verschiedenste Instrumente aus und entschied mich schließlich (wen wundert's?) dafür, das lauteste von allen zu lernen: Schlagzeug! Endlich würde ich gehört werden ... Mein erstes Taschengeld gab ich dann gleich für eine Kassette von Iron Maiden aus. Es dauerte auch nicht lange, und meine Eltern wurden von meiner Erstklasslehrerin einbestellt: wegen der »ganz und gar abscheulichen Musik und Texte«. Ich hatte im Klassenzimmer wohl doch zu laut – nichts ahnend, was die Wörter wohl bedeuten – »Hey motherfucker« vor mich hingesungen und eifrig versucht, meine Mitschüler für die wahnsinnig geile Musik zu missionieren.

In meiner Jugend lebte ich weiterhin in diesen zwei Welten: in der Bäckerei und der Musik. Ich erlernte den Beruf des Bäckers, wurde danach auch Konditor – beides mit Auszeichnung. Mein knappes Lehrlingsgehalt besserte ich als Schlagzeuger in verschiedenen Combos auf. Oft ging es nahtlos von der Bühne in die Backstube, selbst an freien Tagen half ich zu Hause mit. Schlaf war Mangelware. Und so ging es weiter, weiter mit meinem Wehrdienst, den ich im nahen Veitshöchheim absolvierte – natürlich im Heeresmusikcorps. So konnte ich nachts nach wie vor meine Eltern unterstützen. Auch hier: Mehl und Sound im steten Wechsel.

Backe, backe Kuchen, der Bäcker hat gerufen ...

Nach und nach wuchs meine Passion für gutes Brot, und die Musik wurde zu einem Hobby: An der *Akademie Deutsches Bäckerhandwerk* in Weinheim, die weltweit renommierte Kaderschmiede unserer Zunft, absolvierte ich meine Meisterausbildung. Ich war einer der Jüngsten und schaffte selbst hier die Bestnote. Nach der Meisterprüfung bin ich direkt in den elterlichen Betrieb eingestiegen. Doch ich wollte mehr: mehr wissen, mehr lernen, mich fachlich weiterentwickeln.

Kleine Brötchen backen

Mit der Zeit expandierte auch die Bäckerei, und neue Filialen brachten zusätzliche Kundschaft. Ich arbeitete im Familienbetrieb, die Eltern hielten weiterhin die Zügel in der Hand, verbargen aber, dass die Zahlen immer noch alles andere als rosig waren ... Und dann: stirbt völlig unerwartet mein Vater, und 30 Mitarbeiter sind ohne Führung! Nach diesem schweren Schicksalsschlag übernehme ich mit meiner Frau Eva – meiner Jugendliebe, mit der ich bereits eine Familie gegründet hatte – die Verantwortung und damit den Betrieb. Unser Credo: »Altes bewahren, aber keine Denkmalpflege betreiben.« Und dabei jeden Tag Spaß haben. Das gelingt uns, bis zum heutigen Tag.

Der Sound von frischem Brot

Um weiterzukommen, ließ ich mich zum Brotsommelier ausbilden: Als einer der Ersten überhaupt absolvierte ich 480 Stunden dieser hochkarätigen Qualifikation und kann mich seither »geprüfter Brotsommelier« nennen. Davon, dass in dieser Weiterbildung als Prüfungs-

leistung eine Projektarbeit gefordert wurde, die mich später »weltberühmt« machen sollte, hatte ich anfangs keine Ahnung. Zum damaligen Zeitpunkt wollte ich lediglich meine beiden Welten zusammenbringen und untersuchen, welchen Einfluss die Beschallung von Sauerteig auf das Brotaroma hat. Welche Musik besonders gut ankommt. Die Ergebnisse waren schließlich so spektakulär, dass ich weit über die Landesgrenzen hinaus bekannt wurde. Und es mein Musikbrot *Sonic Sourdough* inzwischen sogar in China zu kaufen gibt.

Mit meinem neuen Brotsommelier-Wissen und meiner ganzen bisherigen Erfahrung setzte ich anschließend neue Impulse im Sortiment und in der Qualität unserer Backwaren. Das sprach sich herum. Johann Lafer kam vorbei und brachte die kleine Landbäckerei groß ins ZDF. Plötzlich wurde bundesweit über meine innovativen Ansätze gesprochen, etwa die Sauerteigreifung durch Musik positiv zu beeinflussen. Auch die Macher eines riesigen Musikfestivals fanden das super und ernannten mich kurzerhand zum »Wacken-Bäcker«. Und da ist sie wieder: die Verbindung von Musik und Backen.

Wie beim Brezelbacken

Auf einmal wurde und werde ich durch die Erfolge in meinem Handwerk bundesweit wahrgenommen, gelte als Mutmacher, gebe Vorträge und gewinne viele renommierte Preise, darunter den Branchen-Oscar *Marktkieker* sowie den *Staatsehrenpreis für das bayerische Bäckerhandwerk*. Die Bäckerei lief immer besser. Das Geld reichte für eine neue Backstube nebst einem Raum für Kundenevents, in dem ich inzwischen für verschiedene TV-Sender vor der Kamera stehe. Und eine der größten Brauereien weltweit, die *Tsingtao*-Brauerei in China, bäckt auf ihrem Gelände nach meinem Rezept ein Bierbrot mit beschalltem Sauerteig. Meine Backwaren sind inzwischen ausgezogen: aus der Kinderstube in die große, weite Welt. Axels Brot in China – das ist doch völlig verrückt, oder?

Ich back mir meine Zukunft

Der steigende Bekanntheitsgrad, die gute Qualität unserer Produkte und Investitionen in Backstube und Bildung lassen meine Familie, unser Bäckereiteam und mich optimistisch in die Zukunft blicken. Doch ich will noch mehr. Ich will einfach viel mehr Menschen fürs Backen begeistern - darunter EUCH, liebe Leserinnen, liebe Leser. Außerdem möchte ich junge Menschen vom Bäckerhandwerk überzeugen. Vielleicht auch meine Söhne, falls sie später Interesse daran zeigen. Und: Ich will als Bäcker in die großen TV-Sendungen, den großen Starköchen nacheifern. Backen verdient in den Medien nämlich die ganz große Bühne - genauso wie das Kochen. Denn Backen hat Musik.

Apropos Musik: Ich mag viele Heavy-Metal-Bands, doch keine war mir während des Schreibens so nah wie Hämatom. Daher verrate ich euch zu Ehren auf Seite 168 das Lieblingsrezept der Band.

ROHSTOFFE

• ROHSTOFFE •

Getreide und Mehle

Getreide ist seit Jahrtausenden weltweit das wichtigste Nahrungsmittel – es gibt nichts anderes, das sich derart oft auf unserem Speiseplan wiederfindet. Für uns Menschen sind die Süßgräser (zu deren Familie alle Getreidesorten gehören) deshalb so interessant, weil deren Samen – die Getreidekörner – als außerordentlich nahrhaft und ideale Gehirnnahrung gelten. Nachdem ganze Getreidekörner aber nahezu unverdaulich sind, werden sie entweder grob geschrotet oder fein zu Mehl gemahlen. Je niedriger dann die Typenzahl des Mehls lautet (»Type 550« findet ihr beispielsweise auf dem Weizenmehlpäckchen, das ihr für die Rezepte in diesem Buch öfters mal benötigt), desto weniger Schalenbestandteile enthält das Mehl und umso heller ist es. Vollkornmehl wird immer aus dem ganzen Korn gemahlen und hat daher keine Typenzahl. Und hier kommen sie nun, die wertvollen Getreidesorten ...

WEIZEN, DINKEL, EINKORN, EMMER

Bei Weizen unterscheidet man den von der Nudelherstellung bekannten Hartweizen (Durum) und den Weichweizen. Der Weizen selbst enthält Eiweiße, die in Verbindung mit Wasser ein Netz bilden – das sogenannte »Gluten«. Es ermöglicht eine äußerst gute Wasseraufnahme und eine optimale Formbarkeit. Deshalb bestehen die meisten Brote weltweit auch aus Weizen. Dinkel, Einkorn und Emmer wiederum sind alte Weizensorten – sie nennt man daher auch gern »Urgetreide«.

ROGGEN

Zusammen mit dem Weizen zählt Roggen hierzulande zu den bekanntesten Brotgetreiden. Bis gut vor 60 Jahren war Roggen das weiter verbreitete Getreide und typisch für Nord- und Ostdeutschland. Seitdem dominiert jedoch König »Weizen«, was sich durch den Klimawandel wieder ändern könnte: Roggen ist resistenter und verträgt beispielsweise die Sommertrockenheit besser. Für das Backen mit Roggen benötigt ihr ein wenig mehr Erfahrung, da Roggensauerteige aufgrund der Enzyme des Roggens mit Sauerteig gesäuert werden müssen. Das saure Teigmilieu hemmt nämlich die Enzymaktivität, sodass die Stärke vor dem Backprozess nicht völlig abgebaut wird und das Teigwasser im Ofen binden kann.

➳ HAFER

Nach dem Roggen war bis in die erste Hälfte des 20. Jahrhunderts der Hafer die häufigste Getreideart in Deutschland. Über 20 verschiedene Arten gehören zur Gattung des Hafers – in der Bäckerei wird in der Regel der Saathafer, auch »Echter Hafer« genannt, eingesetzt. Der Hafer gilt als besonders nährstoffreich und gesund. Der in ihm enthaltene Ballaststoff Betaglucan soll laut Studien sogar den Cholesterinspiegel senken. Nicht umsonst heißt es bei übermütigen Menschen gern: »Dich sticht wohl der Hafer!« In der Backstube wird er meist in Form von Hafermehl, -kleie oder -flocken eingesetzt.

➳ HIRSE

Sie gehört zu einer der ältesten Getreidearten – bereits vor 8000 Jahren wurden mit Hirse Fladenbrote gebacken. In Europa verlor der Hirseanbau im 17. Jahrhundert seine Bedeutung, da er zum einen von neuen Nutzpflanzen wie der Kartoffel und dem Mais, zum anderen vom Roggen und Weizen verdrängt wurde. Seit geraumer Zeit erlebt die Hirse nun ein Comeback, da Hirsesamen glutenfrei und reich an essenziellen Fettsäuren sind. Wie beim Hafer gibt es auch hier verschiedene Gattungen. Zum Backen verwendet man heute unter anderem die Hirseart »Teff«, das vorrangige Getreide in Äthiopien und Eritrea.

➳ REIS

Ebenfalls zu den Süßgräsern – also den Getreiden – zählt der Reis, der für mehr als die Hälfte der Erdbevölkerung das Hauptnahrungsmittel darstellt. Er ist glutenfrei und ebenso wie die Hirse damit nicht in der Lage, eine formbare Teigstruktur zu bilden. Das könnt ihr allerdings beim Backen durch das Zugeben anderer Zutaten ausgleichen. Wichtig sind glutenfreie Backwaren hauptsächlich für Menschen, die unter der Erkrankung Zöliakie/Sprue leiden oder glutensensitiv sind.

➳ MAIS

Auch im Mais befindet sich kein Gluten. Aus ihm wird in Mittel- und Südamerika häufig Brot gebacken, so beispielsweise die allseits bekannten Tortillas. In Europa nutzt man den Mais selten zum Brotbacken, dafür oft als Futterpflanze oder zur Herstellung von Popcorn.

➳ GERSTE

Gerste hat ebenfalls eine große Tradition beim Backen: Das Brot, das Jesus zum Abendmahl brach, war ein Gerstenbrot. Heutzutage wird die Gerste jedoch eher zum Brauen oder als Rohstoff für die Herstellung von Backmalz eingesetzt.

➳ AMARANT, BUCHWEIZEN, QUINOA

Diese Pflanzenarten gehören nicht zu den Süßgräsern, fallen also nicht unter die Getreide. Weil sie aber ähnlich verwendet werden können – und glutenfrei sind –, nennt man sie »Pseudogetreide«.

• ROHSTOFFE •

Was es sonst noch braucht

HEFE

Wenn in diesem Buch von Hefe gesprochen wird, dann ist immer Backhefe gemeint, übrigens die »Mikrobe des Jahres 2022«. Backhefe vergärt die Kohlenhydrate aus dem Mehl und lockert mit dem dabei gebildeten Kohlendioxid den Teig. In unseren Rezepten wird fast ausschließlich mit Frischhefe gebacken. Ihr könnt aber auch gerne Trockenhefe verwenden. Dabei entsprechen 14 Gramm Trockenhefe einem Würfel mit 42 Gramm frischer Hefe. Funfact: Die übliche 42-Gramm-Einheit entstand, weil man Hefe früher nicht im Supermarkt kaufen konnte, sondern nur beim Bäcker. Und der hat die in den Bäckereien üblichen 500-Gramm-Hefeblöcke in zwölf gleich große Stücke eingeteilt: nach Adam Riese in jeweils rund 42 Gramm.

SAUERTEIG

Sauerteig ist nichts anderes als ein Teig aus Mehl und Wasser, der zum Gären gebracht wurde. Diese natürliche Fermentation kann wild entstehen, indem ihr den Teig einfach lange genug abgedeckt stehen lasst. Dabei vermehren sich Milchsäurebakterien und Hefen, die überall in der Natur vorkommen – auch im Mehl. Auf diese Weise können allerdings Fehlgärungen entstehen, weshalb es sinnvoll ist, den Sauerteigansatz mit etwas reifem Sauerteig zu »impfen«. Man nennt diesen Anteil auch »Anstellgut«. Mit dem Anstellgut (also dem reifen Sauerteig) wird das gewünschte Milieu aus Milchsäurebakterien und Hefen in hoher Dosis zum neuen Sauerteig gegeben. So kann er über Nacht sauer werden und den Brotteig lockern. Wie ihr euer eigenes Anstellgut herstellt, erfahrt ihr auf Seite 23.

BACKPULVER

Backpulver eignet sich für Sandkuchen, Donuts & Co. Natürliche Triebmittel wie Natron, Hirschhornsalz oder Pottasche sind wiederum eine Alternative für manch andere Gebäcke wie beispielsweise Lebkuchen. Bei Broten und Brötchen ist Backpulver nicht ideal, die rühmliche Ausnahme bildet hier das irische Sodabread.

➳ WASSER

Damit ein Teig entstehen kann, braucht es was? Richtig, natürlich Wasser. Normales Trinkwasser ist hier völlig ausreichend. Wichtig ist jedoch die Wassertemperatur, damit der Teig nicht zu warm wird. Bei den Rezepten in diesem Buch verwendet ihr – außer es wird anders angegeben – kaltes Wasser direkt aus der Leitung. Ihr könnt das Wasser auch durch andere Flüssigkeiten ersetzen, beispielsweise durch Bier (siehe Bierretter-Brot auf S. 143).

➳ SALZ

Man unterscheidet hier Meersalz, Steinsalz und Siedesalz – alle drei sind gleichermaßen zum Backen geeignet. Das Salz fungiert dabei nicht nur als Geschmacksträger, sondern besitzt auch eine technologische Funktion: Es stärkt das Eiweißgerüst in Weizenteigen (das Gluten, den »Kleber«) und erhöht damit die Knettoleranz, aber auch das Volumen des Brotes. Außerdem hemmt Salz die Aktivität der stärkeabbauenden Amylase, was für Roggenteige bedeutsam ist.

➳ APFELESSIG …

… ist in aller Munde und das Allheilmittel schlechthin. Abgesehen davon, dass der naturtrübe Apfelessig bei Verdauungsstörungen, Hautunreinheiten und Erkältung wahre Wunder wirkt, kann er wegen seiner Fruchtsäure in einfachen Brotrezepten anstelle von Sauerteig eingesetzt werden. Gerade bei roggenlastigen Gebäcken ist Säure für die Backfähigkeit nötig. Natürlich kann ein Löffel voll Essig niemals das breite Spektrum an Aromen und die tollen Eigenschaften eines Sauerteigs ersetzen. Wenn es aber mal schnell gehen soll, ist er eine gute Lösung.

➳ ÖLSAATEN UND NÜSSE

Als Ölsaaten bezeichnen wir Samen – wie etwa Sonnenblumenkerne, Kürbiskerne oder Leinsamen –, die zur Herstellung von Öl verwendet werden können. Unter Nüsse versteht man im eigentlichen Sinn nur Hasel- und Walnüsse. Sowohl die Ölsaaten als auch die Nüsse sind perfekte Zutaten beim Backen: Sie machen unsere Backwaren nicht nur knackiger, sondern noch aromatischer. Vor allem, wenn sie in der Pfanne ohne Öl kurz angeröstet werden. Aber nicht nur dafür sind die Ölsaaten bekannt, nein, auch für ihre gesundheitsfördernden Eigenschaften und dafür, dass sie sogar ihr Eigengewicht an Wasser aufnehmen können. Deshalb solltet ihr sie vor dem Backen auch unbedingt einweichen, ansonsten ziehen sie das Wasser aus dem Teig, und ihr sitzt am Ende mit einem harten Stück Brot da.

➳ MILCHPRODUKTE

Sie verändern nicht nur den Geschmack des Brotes, vielmehr besitzen sie noch eine weitere Funktion: Das Milchfett etwa sorgt dafür, dass die Teige geschmeidig werden, und verleiht den Broten außerdem ein feinporiges Innenleben. Selbst die Krustenfärbung wird gefördert. Und: Mit gesäuerten Milcherzeugnissen – zum Beispiel mit Joghurt oder Buttermilch – könnt ihr den Sauerteiganteil reduzieren oder sogar ersetzen. Wer sich ohne tierische Produkte ernährt, kann auf dementsprechende Ersatzprodukte ausweichen.

➸ GEWÜRZE

Früher hat man Brotgewürze nicht nur wegen des Geschmacks unter den Brotteig gemischt, nein, es sollte vielmehr das Brot verträglicher machen. Deshalb sind die typischen Brotgewürze wie Kümmel, Fenchel, Anis, Koriander oder Brotklee lecker und obendrein verdauungsfördernd. »Süße« Backwaren solltet ihr natürlich eher mit Vanille, Zimt, Tonkabohne etc. verfeinern – hier tun sich auf jeden Fall sehr viele geschmackliche Abenteuer auf.

➸ MALZ

Malz besteht aus gekeimtem, getrocknetem und gemahlenem Getreide. Durch die Keimung entstehen viele natürliche Enzyme, die sich positiv auf die Qualität – gemeint sind damit Größe, Bräune und Fluffigkeit – der Brote und Brötchen auswirken.

➸ EI

Ein Tausendsassa, ohne den jedes süße Teilchen aufgeschmissen wäre. Es bringt Lockerheit sowie Farbe ins Spiel und ist für die Stabilität wichtig. Außerdem schmeckt es wundervoll und besitzt wertvolle Inhaltsstoffe. Die Klassifizierung der Eier erfolgt in der Regel nach ihrem Gewicht. Bei einem Ei in Größe M wird wie folgt gerechnet: 1 Vollei ist 50 Gramm schwer, sein Eigelb 20 Gramm und das Eiweiß 30 Gramm. Für all diejenigen, die sich ohne tierische Produkte ernähren – auch hierfür gibt es tolle Alternativen.

➸ KUCHENZUCKER

Eine Kreation meinerseits, die nicht nur Foodwaste verhindert, absolut geile Aromen verbindet, sondern auch von Grund auf natürlich ist. Ihr nehmt ein Päckchen Zucker, gießt den Inhalt in ein noch größeres Gefäß – es sollte einen Schraubverschluss haben, denn Zucker zieht Wasser – und lasst dort alle süßen »Abfälle« hineinwandern. Praktisch bedeutet das: von der ausgekratzten Schale einer Vanilleschote, dem letzten Stück Tonkabohne (das ihr nicht mehr reiben könnt, ohne euch die Fingerkuppe abzusäbeln) bis hin zum Limetten- oder Zitronenabrieb landet alles in diesem Glas bzw. der Dose. Mit der Zeit nimmt der Zucker die unterschiedlichen Aromen an, und ihr habt eine wundervolle Mischung gewonnen, die nicht nur Süße in eure Teilchen bringt. Das Päckchen Vanillezucker oder Fläschchen Zitronenaroma spart ihr euch zudem.

➸ UND SO WEITER …

… steht für eine ganz Welt an Zutaten, die ihr zum Backen einsetzen könnt. Ihr findet sie auch auf den kommenden Rezeptseiten, wo ihr Spargel, Rote Bete oder Rostbratwürste einbacken werdet. Oder bei den süßen Backwaren, bei denen ihr neben Honig, Schokolade und Tonkabohne auch Kokosfruchtfleisch oder Chili verwendet. Eurer Kreativität sind auf alle Fälle keine Grenzen gesetzt.

Natursauerteig selbst herstellen

Seit etwa 20 000 Jahren essen wir Brot, und bereits seit 6000 Jahren ist der Sauerteig mit von der Partie. Höchste Zeit also, diesen Alleskönner näher kennenzulernen: Er verbessert nämlich die Verdaulichkeit, ist fürs Aroma und den Geschmack immens wichtig und hält das Brot auch noch länger frisch. Wir können unsere Starterkultur bzw. unser Anstellgut (aus dem wir später unseren Sauerteig ziehen) aus verschiedenen Mehlen – wie zum Beispiel aus Weizen- oder Dinkelmehl – herstellen. Hier verwenden wir nun das Roggenvollkornmehl, denn auf den Roggenkörnern sitzen sehr viele Mikroorganismen und Kleinstlebewesen, die wir unbedingt vermehren wollen. Also, los geht's …

Tag 1

50 g Roggenvollkornmehl
50 g lauwarmes Wasser

Beide Zutaten mit einem Löffel in einem sauberen und verschließbaren Gefäß verrühren, bis alles gut vermischt ist. Den Teig abdecken, aber nicht luftdicht verschließen und 24 Stunden bei 28–30 °C ruhen lassen (zum Beispiel im Backofen bei angeschalteter Ofenlampe).

Tag 2 (Ergebnis nach Tag 1 bzw. 24 Stunden)

50 g Roggenvollkornmehl
50 g lauwarmes Wasser

Das Prozedere von gestern wiederholt sich nun Tag für Tag: Zu unserem gestrig angerührten Teig gebt ihr die beiden oberen Zutaten dazu – das nennt man »anfüttern« – und verrührt alles so lange, bis ein homogener Teig entsteht. Schließlich den Teig wieder abdecken und weitere 24 Stunden bei 28–30 °C ruhen lassen.

Tag 3 (Ergebnis nach Tag 2 bzw. 48 Stunden)

50 g Teig (aus dem Glas des bis heute geruhten Teigs)
50 g Roggenvollkornmehl
50 g lauwarmes Wasser

An diesem Tag verfahrt ihr fast genauso wie an Tag 2. Die einzige Ausnahme besteht darin, dass ihr nur 50 Gramm aus dem bis heute geruhten Teig verwendet. Aus den restlichen 150 Gramm könnt ihr beispielsweise Cracker backen: Dazu den Teig dünn ausrollen/ausstreichen und bei 180 °C Ober-/Unterhitze (Mitte) ca. 20 Minuten backen. Mit Fleur de Sel, Rosmarin, Kümmel oder Anis bestreuen.

Tag 4 (Ergebnis nach Tag 3 bzw. 72 Stunden)

50 g Teig (aus dem letzten Glas des bis heute geruhten Teigs)
50 g Roggenvollkornmehl
50 g lauwarmes Wasser

Am vierten Tag füttert ihr den Sauerteig genauso an wie am vorherigen Tag.

Tag 5 (Ergebnis nach Tag 4 bzw. 96 Stunden)

Ihr habt es geschafft! Am fünften Tag ist das Werk vollbracht und euer Anstellgut auf die Welt gekommen – vorausgesetzt, es riecht gut, also leicht säuerlich, und weist kein seltsames Farbenspiel auf. Falls es nicht angenehm säuerlich riecht, ist es reif – allerdings für die Tonne. Wir gehen jetzt aber mal davon aus, dass sich die »guten« Mikroben durchgesetzt haben, das Love-in der Mikroorganismen also zu unseren Gunsten ausgegangen ist und wir das Anstellgut für die Herstellung unseres Sauerteigs verwenden können.

Wie geht es nun weiter?

Im nächsten Schritt fabrizieren wir hier den sogenannten *Weinheimer Qualitätssauerteig*. Das Grundrezept ergibt 1900 Gramm fertigen Sauerteig – je nach Mengenangabe eines Rezepts muss dies dann dementsprechend umgerechnet werden.

1000 g Roggenmehl (Type 1150 o. 1370) o. Roggenvollkornmehl
100 g Anstellgut
800 g lauwarmes Wasser

Alle Zutaten in einer Schüssel mit dem Knethaken der Küchenmaschine ca. 10 Minuten bei niedriger Stufe verkneten. Dann den Teig abdecken und mindestens 16 Stunden reifen lassen. Die Temperatur sollte während der Reife von 28 °C auf 23 °C fallen.

Nicht vergessen: Das Anstellgut für den nächsten Sauerteig beiseitestellen, gut pflegen und ordentlich füttern, sonst ist keines mehr da, wenn ihr es unbedingt benötigt. Und einmal angesetzt, hält er – bei der richtigen Pflege – ewig. Der Sauerteig aus meiner Bäckerei hat inzwischen schon drei Generationen überdauert und wird immer weitergegeben.

Wer keinen Freund fürs Leben will oder wem das alles viel zu aufwendig ist, der kann das Anstellgut auch beim Bäcker seines Vertrauens besorgen oder gleich einen gebrauchsfertigen Sauerteig im Bio-Supermarkt kaufen.

WERKZEUGE

BESENSTIEL
PIZZASTEIN
BROTMESSER
KLEINES MESSER
KENWOOD
KÜCHENWAAGE

NUDELHOLZ
TEIGSCHABER
BÄCKERLEINEN/
GESCHIRRTUCH
SCHNEEBESEN
GÄRKORB

• WERKZEUGE •

So wenig braucht's für richtig gutes Brot

FRISCH-HALTEDOSE

Abdeckungen helfen gegen das Austrocknen von Teigoberflächen und sind enorm wichtig. Mein Favorit ist dafür eine Box mit Deckel, nämlich die Frischhaltedose – sie kann alles, was vom Profi verlangt wird. Wenn es in den Rezepten also »leicht verschließen« heißt, dann sollt ihr (falls ihr eine Frischhaltedose mit vier Klippverschlüssen besitzt) nur drei davon zumachen. Auf diese Weise können die Gärgase entweichen. Und keine Angst, es bleiben trotzdem noch genug in der Box, damit der Teig reifen kann. Abdecken könnt ihr den Teig aber genauso gut mit anderen praktischen Dingen wie beispielsweise einer Duschhaube.

BESENSTIEL

Das perfekte Rundholz, um kleine Teige zu Fladen und Apfelgranaten auszurollen – vor allem, wenn es schnell gehen soll.

NUDELHOLZ

Ein gewichtiges Handwerkszeug für den Bäcker. Hier solltet ihr auf alle Fälle in ein qualitativ hochwertiges Nudelholz investieren: in eines mit Gewicht, das locker über große Teigmengen hinwegrollen kann.

TEIGSCHABER

Sie gibt es in verschiedenen Größen, Farben und Beschaffenheiten: Für alle Teige, die ihr aus Schüsseln herausholen müsst, eignen sich Kunststoffschaber am besten. Zum Teigteilen wiederum sind Blechschaber mit Metallkante perfekt.

PIZZASTEIN

Was wäre ein Bäcker ohne diesen Backstein? Vermutlich aufgeschmissen! Von daher besorgt euch doch bitte unbedingt dieses Wahnsinnsteil: Es speichert die Hitze, und sobald sich der Backstein im Ofen befindet und dieser vorgeheizt wird, überträgt er sie dann direkt auf die Backwaren und macht unter anderem eine richtig geile Kruste. Ist also wesentlich effizienter als jedes Backblech. Solltet ihr keinen Pizzastein zu Hause haben, tut es für den Anfang auch das gemeine Backblech. Das bedeutet aber bei unseren Rezepten: Sobald vom Pizzastein die Rede ist, bitte stattdessen das Backblech in den Ofen schieben.

➳ GÄRKORB

Je nachdem, welche Brotform ihr bevorzugt, dementsprechend sollte euer Gärkorb aussehen: entweder rund oder länglich. Denn der Gärkorb stützt während der Gare das Brot, damit es seine Form behalten kann.

➳ SCHNEEBESEN

Braucht jeder, hat jeder! Solltet ihr dieses multifunktionale Tool wirklich noch nicht besitzen, kauft euch bitte gleich ein gescheites!

➳ BÄCKERLEINEN/ GESCHIRRTUCH

Zum Einschlagen, um Brötchen daraufzusetzen und abzudecken. Mittlerweile gibt es sogar Spezialtextilien, die Schimmelbildung verhindern, weil sie gegen Sporenbildung behandelt sind. Eine durchaus sinnvolle Investition.

➳ BROTMESSER/ KLEINES MESSER

Der Klassiker! Natürlich immens wichtig fürs Brotschneiden - zumindest das Brotmesser - oder aber fürs Teigeinritzen: Dafür ist dann (wer hätte es gedacht?) das kleine Messer zuständig.

➳ WAAGE

Für uns Bäcker gibt es fast nichts Wichtigeres als die Waage - hier zählt jedes Gramm. Von daher sind alle Zutaten in diesem Buch mit Grammzahlen versehen. Auf den ersten Blick mag das merkwürdig und unüblich erscheinen. Diese Gewichtseinheit ist allerdings wesentlich präziser als die Angabe von beispielsweise 1 EL, da die Größe eines Esslöffels bei jedem von euch unterschiedlich ausfällt. Deshalb: Alles genauestens abzuwiegen, lohnt sich! Denn es gibt nichts Ärgerlicheres, als wenn ihr mit eurem Backresultat unzufrieden seid, weil etwa zu viel vom Apfelessig in euren Teig geraten ist. Vorsicht: Falls ihr bei jemandem zu Besuch seid, der eine Waage im Nanobereich besitzt und auch noch Zehntelgramm abwiegen kann, seid ihr wahrscheinlich beim Drogendealer und nicht beim Bäcker gelandet ;-)!

➳ KÜCHENMASCHINE VERSUS HANDRÜHRGERÄT

Das Handrührgerät in allen Ehren, wollt ihr es jedoch etwas professioneller angehen und ein perfektes Backergebnis erzielen, kommt ihr um die Küchenmaschine nicht herum! Sie ist nämlich ein wichtiges Helferlein, das ausschlaggebend für einen lockeren und guten Brotteig ist - weshalb in diesem Buch auch immer nur von ihr die Rede ist. Falls ihr euch allerdings in der Testphase befindet und euch dieses tolle Equipment noch (!) nicht leisten mögt, tut es fürs Erste auch das gute alte Handrührgerät. Aber nur dann!

• TECHNIKEN •

So funktioniert's mit dem Teig

Zutaten verkneten

Der Schlüssel zum Erfolg basiert beim Backen auf dem richtigen Auskneten der Zutaten! Es bestimmt als erster Arbeitsgang das weitere Schicksal des Teigs: Hier entscheidet sich das spätere Volumen des Gebäcks, wie es sich im Mund anfühlt – und dadurch natürlich auch, wie es schmeckt.

1 Richtiges Abwiegen ist unermesslich wichtig! Weiter geht's mit den Zutaten, die ihr nebeneinander in die Schüssel gebt, damit ihr später noch mal überprüfen könnt, ob ihr auch nichts vergessen habt.

2 So sieht der Teig aus, wenn er noch nicht fertig ist. Bitte nicht täuschen lassen: Nur weil sich die Zutaten vermischt haben, heißt das noch nicht, dass der Knetvorgang beendet ist. Das später tragende Gerüst unserer Backwaren bildet sich erst durch längere mechanische Einwirkung. Mischen ist also nicht gleichzusetzen mit Kneten.

3 Jetzt habt ihr es geschafft und den perfekten Teig vor euch: Er sollte sich gut ziehen und leicht vom Schüsselrand sowie vom Knethaken lösen lassen. Der Knetvorgang selbst kann sich – je nach Gebäck – bis zu 20 Minuten hinziehen.

4 Bei Weizen- oder Dinkelteigen könnt ihr die Probe aufs Exempel machen und so feststellen, ob der Teig bereits fertig ausgeknetet ist: Dazu ein wenig Teig mit den Fingern auseinanderziehen. Sollte er sich wie eine Kaugummiblase ziehen lassen und nicht gleich reißen, ist der Knetvorgang erst mal abgeschlossen (Fenstertest, siehe S. 34).

Stretchen und falten

Weiche Teige bedeuten saftiges Gebäck. Um das ohne künstliche Zusätze hinzubekommen, könnt ihr eine ganz natürliche Technik anwenden, für die es ein wenig Fingerspitzengefühl und Zeit bedarf.

1 Je nach Rezept kommt der Teig nach dem Ausknetvorgang in eine leicht mit Öl ausgestrichene Frischhaltedose und darf dort abgedeckt reifen.

2 So sieht der Teig aus, nachdem er seine erste Reifephase (Zwischengare) hinter sich hat – und kurz vorm Stretchen ist.

3 Jetzt wird gestretcht und gefaltet. Das heißt: Ihr zieht mit nassen Händen den Teig an einem Ende hoch, hängt ihn aus (stretchen) und faltet ihn dann in Schlaufen wieder zurück, greift wieder an das andere Ende des Teigs und wiederholt das Ganze drei- bis viermal. Keinesfalls öfter, sonst reißt der Teig.

4 So sieht der Teig nach seinen beendeten Stretch- und Faltrunden aus. Er besitzt mehr Spannung und hält schon die Form – er erscheint fester. Falls ihr also überlegt, ob das die perfekte Version ist: Ja, so sieht sie aus. Ihr habt alles richtig gemacht. Danach darf der Teig wieder reifen, und ihr verfahrt weiter, wie es im Rezept beschrieben wird.

← Brot formen

Um ein lockeres und saftiges Brot zu bekommen, muss der Teig ein wenig bearbeitet werden. Wie ihr am besten bei welchem Teig vorgeht, findet ihr unter dem jeweiligen Rezept – natürlich mit einem Seitenverweis.

1 Nach dem Knetvorgang und der angegebenen Reifezeit gebt ihr den Teig ganz entspannt auf eine bemehlte Arbeitsfläche.

2 Dann nehmt ihr euch mit jeweils einer Hand ein Ende des Teigs und faltet es wie dargestellt übereinander. Die Enden fest andrücken, damit der Teig nicht wieder aufklappt. Je nachdem, wie groß der Teig ist, wird der Vorgang zwei- bis viermal wiederholt.

3 Schließlich klappt ihr die untere Teighälfte von euch weg über den Teig und zieht ihn mit leichtem Druck und Spannung wieder zurück zu euch. Das Ganze zweimal wiederholen – und schon liegt ein länglich geformtes Teigstück vor euch.

4 Nun gebt ihr das geformte Brot in den Gärkorb, wo es während seiner Restreifezeit bleibt.

← Rundwirken

Es gibt viele verschiedene Möglichkeiten, eine runde Kugel zu formen. Hier erlernt ihr die Basicversion des Rundwirkens, mit der ihr dem Brot noch mal ausreichend Spannung mitgebt, damit es später im Ofen schön aufgeht.

1 Nach seiner Reifezeit muss der Teig in seine Endform gebracht werden, wozu ihr ihn auf eine bemehlte Arbeitsfläche gebt.

2 Mit einer leicht bemehlten Hand nehmt ihr »auf 13 Uhr« eine Teigecke, zieht sie leicht hoch, bringt sie auf Spannung und ...

3 ... klappt sie zur Mitte des Teigs hin um, wo ihr sie fest andrückt. Dabei dreht ihr den Teigling immer ein bisschen weiter und nehmt die danebenliegende Teigecke, die noch nicht eingefaltet wurde, und wiederholt das Prozedere. Und zwar so lange, bis sich ...

4 ... eine wunderschöne Kugel ergibt. Die Teigkugel gebt ihr dann entweder mit dem Schluss nach oben oder unten in den Gärkorb.

Schleifen →

Das Schleifen ist im Gegensatz zum Rundwirken eine wunderbare Methode, um kleine Teiglinge rund zu bekommen, also zu Brötchen zu formen.

1 Das Wichtigste kommt zuerst: nämlich die Teiglinge abzuwiegen. Wie schwer oder leicht die einzelnen Teigstücke sein sollen, findet ihr unter den jeweiligen Rezepten.

2 Nun nehmt ihr das Teigstück in eine leicht bemehlte Hand und formt die andere Hand zu einer »Kralle«.

3 Dann setzt ihr eure »Krallenhand« auf den Teigling und beginnt mit leichtem Druck kreisende Bewegungen auszuüben – gleichzeitig umschließt ihr das Teigstück mit eurer »Krallenhand« immer fester ...

4 ... und bekommt als Endergebnis eine wunderschön geschliffene Kugel. Perfekt!

• FACHBEGRIFFE •

Für Einsteiger und Angeber

ANSTELLGUT meint ein Stück reifen Sauerteig, der mit seinen vielen Milchsäurebakterien einen frisch angesetzten Sauerteig impft.

AUSBUND nennt man die aufgerissene Stelle einer Brotkruste.

BÄCKERLEINEN wird das gute alte Geschirrtuch genannt. Am häufigsten wird das Leinentuch benutzt, um damit Brötchen- oder Baguetteteiglinge abzudecken.

BACKVERLUST ist das Gewicht, das ein Brötchen oder Brot während des Backens durch das Verdunsten von Teigwasser verliert.

BRÜHSTÜCK heißt ein Teig, bei dem Mehl, Schrot oder Saaten mit heißem Wasser übergossen werden, damit diese vor der Teigzubereitung quellen können. Geschieht dies mit kaltem Wasser, spricht man von einem Quellstück. Bei einem Kochstück hingegen werden alle Zutaten zusammen aufgekocht.

DAMPF soll oft zu Beginn einer Backphase im Ofen entstehen. Das findet ihr in diesem Buch häufig: So beispielsweise, wenn gleichzeitig mit dem Einschieben der Backware 50 g warmes Wasser – etwa eine kleine Tasse voll – auf den Boden des heißen Backofens gegossen wird. Der Dampf löst dann zusammen mit der Ofenhitze den Mehrfachzucker aus der Stärke, auch Dextrine genannt. Der Dampf lohnt sich, denn das Ergebnis kann sich sehen lassen: Das Brot glänzt.

FENSTERTEST Dieser Begriff hat nichts mit Fenstern zu tun, sondern mit einem Stück Teig, das direkt aus der Knetmaschine kommt. Lässt sich der Teig mit den Händen so weit auseinanderziehen, dass in der Mitte eine ganz dünne Lage entsteht, durch die das Licht scheint oder ihr je nach Teig sogar Zeitung lesen könnt, ist der Teig gut ausgeknetet.

GÄRTOLERANZ bedeutet, dass ein Teig über den optimalen Reifezeitpunkt hinaus elastisch bleibt. Übertreibt es der Bäcker mit der Gärzeit, spricht man von Übergare.

GLUTEN, auch Kleber oder Feuchtkleber genannt, meint ein Teiggerüst, das sich aus den mehleigenen Eiweißen Gliadin und Glutenin aufbaut. Das Gluten macht den Teig dehnbar, hält die Gärgase und trägt damit zum Volumen eines Gebäcks bei.

INDIREKTE FÜHRUNG, so bezeichnet der Bäcker einen Teig, der in mehreren Schritten entsteht. Dies ist heute Standard: Oft werden lange vor dem Hauptteig Sauerteige, Vorteige oder ein → Brühstück angesetzt.

KOCHSTÜCK → Brühstück

LIEVITO MADRE, dieser Begriff kommt aus dem Italienischen und wird übersetzt mit »Mutterhefe«. Gemeint ist damit ein besonders triebstarker Weizensauerteig.

MAILLARD-REAKTION lauten die chemischen Vorgänge, die zwischen Aminosäuren und Zuckermolekülen im Ofen vor sich gehen. Sie sorgen durch dabei entstehende Melanoidine für die Krustenbräune – unter anderem für die typische Farbe von Laugengebäcken.

MUTTERKORN heißen die schwarzen Körner, die man zuweilen an Ähren findet. Sie werden durch den Mutterkornpilz hervorgerufen und sind hochgiftig, was den Menschen lange nicht bekannt war. Wer mehr wissen und sich erschrecken möchte, googelt »Antoniusfeuer«.

NATRIUMHYDROGEN-CARBONAT klingt beeindruckend chemisch, meint aber lediglich Natron, das beim Backen als Triebmittel eingesetzt wird. Beim Erhitzen bildet sich schließlich Natriumcarbonat, besser als Soda bekannt.

OFENTRIEB – darunter versteht sich die Volumenzunahme beim Backen. Ausgelöst durch die Ofenhitze, unterstützt der Ofentrieb eine verstärkte Bildung von Gärgasen im Teigling. Zusätzlich dehnen sich die vorhandenen Gärgase im Ofen aus.

POOLISH nennt man einen Weizenvorteig mit geringer Hefemenge, der oft beim Backen von Baguette eingesetzt wird. Er soll mit polnischen Einwanderern über Österreich nach Frankreich gelangt sein, daher also der Name. Bei unseren Rezepten ist es von Vorteil, wenn der Poolish ca. eine Stunde vor der Weiterverarbeitung aus dem Kühlschrank genommen wird – dann kann er sich der Zimmertemperatur anpassen.

QUELLSTÜCK → Brühstück

RÖSCHE ist das Fachwort für eine sehr knusprige, »rösche« Kruste.

SAUERTEIGFÜHRUNG hört sich ganz danach an, als müsstet ihr den Sauerteig spazieren führen. Nein, das ist natürlich nicht der Fall. Gemeint sind die Parameter bei der Sauerteigreifezeit, also die Teigfestigkeit und die Temperaturkurve während der Fermentation. Erfolgt dies in mehreren Stufen, spricht man zum Beispiel von einem Dreistufensauerteig.

SCHIESSEN – der Bäckerfachbegriff schlechthin. Und zwar für das Einbringen von Backwaren in den Ofen. Das dazugehörige Werkzeug nennt man Schießer. Im Haushaltsbereich ist der Schießer oft nur ein flaches Brett mit Griff.

STÜCKGARE heißt die letzte Gärphase vor dem Backen. Das Gebäck ist geformt und wartet reifend darauf, geschossen zu werden. → Schießen

TEIGAUSBEUTE, oft nur TA abgekürzt, bestimmt das Verhältnis von Mehl zu Wasser. So besteht ein Teig mit TA 175 aus 100 Teilen Mehl und 75 Teilen Wasser. Ein Teig mit TA 160 wäre also fester, einer mit TA 190 weicher. International würde man bei TA 170 von »70 Prozent Hydration« sprechen.

TEIGRUHEZEIT, ein verbreiteter Begriff, streng genommen allerdings falsch. Während des damit gemeinten Zeitraums, also unmittelbar nach der Knetung, ruht der Teig nicht, er reift.

Insofern wäre Teigreifezeit korrekt. Korrekt ist es aber vor allem, nach der Teigreifezeit mit dem Teig sehr vorsichtig umzugehen.

VERKEHRSBEZEICHNUNG, dieses wohlklingende Wort stammt aus den *Leitsätzen* für Brot und Kleingebäck sowie jenen für *Feine Backwaren*. Dort ist niedergeschrieben, wie Bäckereien ihr Produkt – je nach Zutatenverhältnis und Herstellungsverfahren – betiteln dürfen. Wählt der Bäcker stattdessen einen Fantasienamen, muss die korrekte Verkehrsbezeichnung mit auf das Preisschild.

REZEPTE

Megaeinfache Rezepte für Beginner

SILETTE-II
AGFA COLOR
1:2,8/45

Das einfachste Brot der Welt

Für 1 Brot (ca. 1000 g)

ZUTATEN:

600 g Dinkelmehl (Type 630)
450 g Wasser
10 g frische Hefe
15 g Salz
10 g Zucker

Außerdem
Tontopf mit Deckel

Alle Zutaten mit einem Löffel in einer Schüssel verrühren, bis alles gut vermischt ist. Den Teig abdecken und 8–12 Std. im Kühlschrank reifen lassen.

Gegen Ende der Reifezeit den Backofen mit dem Tontopf auf 250 °C Ober-/Unterhitze (Mitte) vorheizen.

Den gereiften Teig vorsichtig auf ein bemehltes Backpapier stürzen. Das Backpapier an den sich gegenüberliegenden Seiten anheben und zu einer Seite umschlagen, sodass sich der Teig einfaltet. Diesen Vorgang zur anderen Seite hin wiederholen. Den Teig mit dem Backpapier in den vorgeheizten Tontopf setzen.

Den Tontopf mit Deckel in den heißen Ofen (Mitte) schieben und ca. 50 Min. backen. Nach ca. 30 Min. die Temperatur auf 200 °C reduzieren und den Deckel des Tontopfs abnehmen.

★ **AXELS BACKGEHEIMNIS**
Für ein richtig krosses Brot die letzten 20 Minuten den Teig am besten ohne Tontopf backen.

Hafer-Dinkel-Vollkornbrot im Einmachglas

Für 5 Brote (à ca. 200 g)

ZUTATEN:

Poolish

125 g Dinkelvollkornmehl
150 g Wasser
1 g frische Hefe

Hauptteig

275 g Poolish
350 g Dinkelvollkornmehl
8 g frische Hefe
10 g Apfelessig
14 g Salz
225 g + 100 g Wasser
50 g Haferflocken

Topping

150 g Haferflocken

Außerdem

5 Einmachgläser (à 440 ml)

➳ **Poolish** Die Zutaten für den Poolish mit einem Löffel in einer Schüssel verrühren, bis alles gut vermischt ist. Dann den Teig abdecken und ca. 12 Std. im Kühlschrank reifen lassen.

➳ **Hauptteig** Alle Zutaten für den Hauptteig – bis auf 100 g Wasser – mit dem Knethaken der Küchenmaschine 5 Min. auf niedriger Stufe verkneten. Weitere 5 Min. auf hoher Stufe kneten, dabei die übrigen 100 g Wasser schluckweise dazugeben. Den Teig abdecken und 15 Min. bei Zimmertemperatur reifen lassen.
Die Haferflocken für das Topping in eine Schüssel geben. Den Teig mit nassen Händen in 5 Stücke à 200 g teilen und jedes Stück rundherum in den Haferflocken wälzen. Die Teigstücke in die Einmachgläser geben (sie sollten gut halb voll sein) und nochmals abgedeckt 30 Min. bei Zimmertemperatur reifen lassen.

➳ **Back ma's** Inzwischen den Backofen mit Pizzastein (Mitte) auf 250 °C Ober-/Unterhitze vorheizen.
Die Einmachgläser direkt auf den Pizzastein im heißen Ofen stellen und die Temperatur auf 200 °C reduzieren. 50 g warmes Wasser auf den Boden des Backofens gießen und ca. 1 Std. backen.
Die Einmachgläser vorsichtig mit Backhandschuhen aus dem Backofen holen und sofort die sauberen, keimfreien Deckel daraufschrauben.

⋆ AXELS TIPP

Noch heiß verschlossen, ist das Hafer-Dinkel-Vollkornbrot mindestens 2 Wochen haltbar.

Die einfachsten Brötchen der Welt

Für 9 Stück (à ca. 100 g)

ZUTATEN:

500 g Weizen- (Type 550) o. Dinkelmehl (Type 630)
370 g Wasser
8 g frische Hefe
12 g Salz
8 g Zucker

Alle Zutaten locker mit den Händen in einer Schüssel zusammenkneten, bis das Wasser gebunden ist. Den Teig abdecken und 8–12 Std. im Kühlschrank reifen lassen.

Gegen Ende der Reifezeit den Backofen mit Pizzastein (Mitte) auf 240 °C Ober-/Unterhitze vorheizen.

Den gereiften Teig vorsichtig und langsam auf eine bemehlte Arbeitsfläche gleiten lassen und in 9 gleich große Quadrate teilen.

Jeweils zwei diagonal gegenüberliegende Teigecken vorsichtig in der Mitte übereinanderlegen, ebenso mit den beiden anderen Ecken verfahren. Die Teiglinge auf ein Backpapier setzen.

Die Brötchen mit dem Backpapier auf den Pizzastein im heißen Ofen schieben. 50 g warmes Wasser auf den Boden des Backofens gießen und in ca. 20 Min. kross backen.

Pizza zum Niederknien

Für 3 Pizzen (à ca. 280 g)

ZUTATEN:

Teig
500 g Weizenmehl (Type 405 o. 550)
325 g Wasser
10 g Salz
5 g frische Hefe

Belag
140 g ganze Tomaten (aus der Dose)
10 g Olivenöl
Salz, Pfeffer
200 g geriebener Käse
frisches Basilikum

➳ **Teig** Alle Zutaten für den Pizzateig mit dem Knethaken der Küchenmaschine 10–15 Min. auf mittlerer Stufe verkneten, bis der Teig glänzt und sich leicht vom Schüsselrand löst.
Den Teig dritteln und jeweils 1 Kugel wirken (siehe S. 33).
Die Kugeln in eine mit Olivenöl ausgestrichene Frischhaltedose legen, diese nur leicht verschließen und 18–24 Std. in den Kühlschrank stellen.

➳ **Back ma's** Den Backofen mit Pizzastein (Mitte) auf 250 °C Ober-/Unterhitze vorheizen.
Die Tomaten in eine Schüssel geben und mit einem Löffel zerdrücken. Das Olivenöl hinzugeben, mit Salz und Pfeffer würzen.
Die gereiften Teiglinge vorsichtig auf eine bemehlte Arbeitsfläche setzen und mit der Hand von innen nach außen in die gewünschte Form und Größe drücken, sodass am Rand ein Wulst entsteht. (Achtung: Nicht mit dem Nudelholz arbeiten! Das macht den Teig platt und zerstört die Gärblasen.)
Die Teigböden auf ein Backpapier setzen. Nach Belieben mit Tomatensauce, Käse und Basilikum belegen.
Die Pizzen mit dem Backpapier auf den Pizzastein im heißen Ofen schieben und ca. 10 Min. backen. (Achtung: Bei hohen Temperaturen geht es schnell, also bitte mit einem Auge dabeibleiben.)

⋆ **AXELS WISSENSBOX**

Der Pizzateig lässt sich auch wunderbar einfrieren. Dazu die Backzeit auf ca. 5 Minuten reduzieren, die Pizza auskühlen lassen – und ab damit in den Gefrierschrank.

Das einfachste Baguette der Welt

Für 2 Baguettes (à ca. 250 g)

ZUTATEN:

300 g	Weizenmehl (Type 550, T55 o. T65)
6 g	Salz
4 g	frische Hefe
200 g	Wasser

Alle Zutaten mit dem Knethaken der Küchenmaschine 6 Min. auf niedriger und weitere 6 Min. auf hoher Stufe verkneten. Den Teig abdecken und 10 Min. bei Zimmertemperatur ruhen lassen.

Den Teig halbieren, mit etwas Spannung einschlagen (»Brot formen«, siehe S. 32) und auf Backblechlänge rollen.

Ein Geschirrtuch auf eine feste Unterlage, die in den Kühlschrank passt, legen und ein Baguette daraufsetzen. Das Geschirrtuch als Abgrenzung hinter dem Baguette ein Stück nach oben ziehen und das zweite Baguette platzieren. Beide Brote mit dem restlichen Geschirrtuch abdecken und 10–20 Std. im Kühlschrank reifen lassen.

Den Backofen mit Pizzastein (Mitte) auf 250 °C Ober-/Unterhitze vorheizen.

Beide Baguettes vorsichtig vom Geschirrtuch nehmen und auf ein Backpapier setzen. Die Oberseite der Brote je 3-mal leicht schräg einschneiden.

Die Baguettes mit dem Backpapier auf den Pizzastein im heißen Ofen schieben, 50 g warmes Wasser auf den Boden des Backofens gießen und in ca. 15 Min. knackig backen.

AXEL SCHMITT
Brotsommelier

Hefeteig »fearless« mit Vögelchen

Für 5 Stück (à ca. 100 g)

ZUTATEN:

Vorteig

125 g Weizenmehl (Type 405)
5 g frische Hefe
100 g kalte Milch (3,5 % Fett)

Hauptteig

230 g Vorteig
150 g Weizenmehl (Type 405)
35 g Zucker
5 g Salz
50 g Ei, verquirlt
30 g Milch (3,5 % Fett)
abgeriebene Schale von ½ Bio-Zitrone (nach Belieben)
Mark von 1 Vanilleschote (nach Belieben)

Topping

50 g Ei, verquirlt
20 g Hagelzucker (nach Belieben)

➸ **Vorteig** Alle Zutaten für den Vorteig mit dem Knethaken der Küchenmaschine 4 Min. auf mittlerer Stufe verkneten. Den Teig abdecken und 6–12 Std. im Kühlschrank reifen lassen.

➸ **Hauptteig** Alle Zutaten für den Hauptteig mit dem Knethaken der Küchenmaschine 4 Min. auf niedriger und weitere 6 Min. auf hoher Stufe verkneten. Den Teig abdecken und ca. 10 Min. bei Zimmertemperatur reifen lassen. Den Teig auf eine bemehlte Arbeitsfläche geben und in 5 gleich große Stücke à 100 g teilen. Mit bemehlten Händen zu jeweils 5 Kugeln schleifen (siehe S. 33). Die Teigkugeln gut abdecken und auf der Arbeitsfläche ca. 10 Min. ruhen lassen. Die Teigkugeln mit bemehlten Händen zu 5 Strängen mit 10–15 cm Länge rollen. Jeden Strang mittig verknoten und aus einem Ende den Kopf formen (siehe QR-Code unten). Das Backblech mit Backpapier belegen, die Vögelchen daraufsetzen und abgedeckt 30–60 Min. bei Zimmertemperatur reifen lassen.

➸ **Back ma's** Gegen Ende der Reifezeit den Backofen auf 180 °C Umluft vorheizen.
Jedes Vögelchen mit verquirltem Ei bestreichen und nach Belieben mit Hagelzucker bestreuen.
Das Backblech mit den Vögelchen in den heißen Ofen (Mitte) schieben, 50 g warmes Wasser auf den Boden des Backofens gießen und in ca. 20 Min. goldgelb backen.

AXEL SCHMITT
Brotsommelier

Schneller Apfelkuchen in der Tasse

Für 1 Tasse

ZUTATEN:

- 30 g Butter
- 50 g Ei
- 20 g Zucker (weiß oder braun)
- 30 g Weizen- (Type 405 o. 550) o. Dinkelmehl (Type 630)
- 1–2 g Backpulver
- ¼ Apfel, gewürfelt

Nach Belieben

Schokostücke (alter Osterhase), geriebene Tonkabohne, Zimt etc.

Die Butter in eine Tasse geben und in der Mikrowelle schmelzen, dabei nicht zu heiß werden lassen.

Ei und Zucker zur geschmolzenen Butter in die Tasse geben und mit einem Löffel gründlich verquirlen.

Das Mehl mit dem Backpulver vermischen, ebenfalls in die Tasse geben und verrühren.

Zum Schluss die Apfelstücke und nach Belieben Schokostücke, Tonkabohnenabrieb und/oder Zimt vorsichtig unter die Masse heben.

Die Tasse bei 900 Watt ca. 90 Sek. in der Mikrowelle garen. Unbedingt warm servieren!

★ AXELS TIPP

Falls der Kuchen zu hoch wird, den Backvorgang kurz unterbrechen (Mikrowelle ausschalten) und warten, bis sich alles etwas gesetzt hat.

Obazda-Schiffchen

Für 6 Stück (à ca. 100 g)

ZUTATEN:

Teig
200 g Roggenmehl (Type 1150)
100 g Weizenmehl (Type 1050)
15 g Apfelessig
6 g Salz
20 g Brotbrösel (vom Vortag oder älter)
250 g lauwarmes Wasser
10 g frische Hefe
1 Prise Brotgewürz (nach Belieben)

Belag
240 g Obazda

Nach Belieben
Zwiebelringe; Frühlingszwiebeln, fein geschnitten; Kümmel

Außerdem
Spritzbeutel mit Lochtülle (ca. 10 mm Durchmesser)

➻ **Teig** Alle Zutaten für den Teig mit dem Knethaken der Küchenmaschine 10 Min. auf niedriger Stufe verkneten. Den Teig abdecken und 15 Min. bei Zimmertemperatur reifen lassen.
Den Teig auf eine bemehlte Arbeitsfläche geben, in 6 Portionen à 100 g teilen und diese mit bemehlten Händen zu Kugeln schleifen (siehe S. 33). Jede Kugel zu einem ovalen Fladen (ca. 15 cm Durchmesser) ausrollen.

➻ **Back ma's** Den Backofen auf 240 °C Ober-/Unterhitze vorheizen.
Den Obazdn in den Spritzbeutel füllen und auf jeden Fladen mittig längs einen 40 g schweren Strang setzen. Die Teigränder ca. 1 cm nach innen klappen, dabei die Enden jeweils gut festdrücken. Nach Belieben Zwiebelringe, fein geschnittene Frühlingszwiebeln oder Kümmel daraufgeben. Das Backblech mit Backpapier belegen, die Obazda-Schiffchen daraufsetzen und in den heißen Ofen schieben (Mitte). 50 g warmes Wasser auf den Boden des Backofens gießen und in ca. 15 Min. knusprig backen.

Karamell-Schoko-Tarte

Für 4 Tartes (à ca. 290 g)

ZUTATEN:

Mürbeteig
100 g Butter
50 g Zucker
50 g Ei
3 g Salz
abgeriebene Schale von ½ Bio-Zitrone (nach Belieben)
170 g Weizenmehl (Type 550)

Karamellschicht
160 g Sahne
160 g Zucker
40 g Butter
Chiliflocken (nach Belieben)

Schokoschicht
250 g Zartbitterkuvertüre, klein gehackt
40 g Butter
170 g Sahne

Außerdem
4 Tarteförmchen (à 12 cm Durchmesser)
Physalis, Heidelbeeren, Limettenzesten (nach Belieben)
Puderzucker zum Bestäuben (nach Belieben)

➻ **Mürbeteig** Alle Zutaten für den Mürbeteig – bis auf das Mehl – flott mit den Händen in einer Schüssel vermengen. Das Mehl dazugeben und so lange kneten, bis sich ein homogener Teig bildet. Den Teig in Frischhaltefolie wickeln und mindestens 30 Min. in den Kühlschrank legen.
Den Backofen auf 200 °C Umluft vorheizen.
Den Teig auf einer bemehlten Arbeitsfläche ca. 0,5 cm dünn ausrollen. 4 Kreise (je ca. 15 cm Durchmesser) ausstechen und jeweils einen Kreis in ein Tarteförmchen drücken. Blindbacken: Den Teig in den Förmchen jeweils mit Alufolie bedecken und getrocknete Hülsenfrüchte (Linsen) bis zum Rand daraufgeben. Die Tarteförmchen auf das Backblech setzen und im heißen Backofen (Mitte) 10 Min. backen. Aus dem Ofen nehmen, die Hülsenfrüchte entfernen und die Alufolie abnehmen. Den Teig in den Förmchen weitere 5 Min. goldgelb backen.

➻ **Karamellschicht** Die Sahne in einem Topf erhitzen. Den Zucker in einem weiteren Topf erwärmen und so lange mit dem Schneebesen umrühren, bis der Zucker geschmolzen ist. Sobald der Zucker braun zu werden beginnt, die Sahne vorsichtig dazugeben und die Butter unterrühren.
Die Masse gleichmäßig auf den 4 Tarteböden verteilen und 1–1½ Std. im Kühlschrank abkühlen lassen (bis das Karamell eine honigartige Konsistenz hat). Wer mag, kann noch ein wenig Chiliflocken auf das Karamell geben.

➻ **Schokoschicht** Inzwischen Kuvertüre und Butter in eine Schüssel geben. Die Sahne in einem Topf erhitzen und, kurz bevor sie kocht, in die Schüssel gießen. Alles mit einem Löffel zu einer homogenen Masse verrühren.
Die Tarteförmchen aus dem Kühlschrank nehmen und die Schokosauce jeweils einfüllen. Die Schokoschicht entweder mit einem Löffel glatt streichen oder aber durch Hin-und-her-Bewegen der Förmchen »glatt ruckeln«. Mindestens 1 Std. im Kühlschrank abkühlen lassen und nach Belieben dekorieren.

Partybrötchen

Für 20 Stück (à ca. 40 g)

ZUTATEN:

Vorteig

100 g Weizenmehl (Type 550)
1 g frische Hefe
60 g Wasser

Hauptteig

160 g Vorteig
400 g Weizenmehl (Type 550)
10 g Zucker
11 g Salz
10 g Butter
15 g frische Hefe
230 g Wasser

Topping

Mohn, Sesam, Leinsamen, Kürbiskerne, Hagelsalz, Schwarzkümmel etc. (nach Belieben)

➻ **Vorteig** Alle Zutaten für den Vorteig mit dem Knethaken der Küchenmaschine in 4 Min. auf niedriger und weiteren 4 Min. auf hoher Stufe zu einem geschmeidigen Teig verkneten. Den Teig abdecken und 16–20 Std. im Kühlschrank reifen lassen.

➻ **Hauptteig** Alle Zutaten für den Hauptteig mit dem Knethaken der Küchenmaschine in 4 Min. auf niedriger und weiteren 4 Min. auf hoher Stufe zu einem geschmeidigen Teig verkneten. Den Teig abdecken und ca. 15 Min. reifen lassen.
Den Teig auf eine bemehlte Arbeitsfläche geben und in 20 Stücke à 40 g teilen. Jedes Stück mit bemehlten Händen zu einer Kugel schleifen (siehe S. 33). Die Kugeln mit Frischhaltefolie bedecken und auf der Arbeitsfläche ca. 5 Min. bei Zimmertemperatur ruhen lassen.
Jede Kugel mit bemehlten Händen zu einem ca. 15 cm langen Strang rollen. Zwei Backbleche mit Backpapier belegen. Und jetzt ist eure Fantasie gefragt: Aus den Strängen lassen sich die verschiedensten Motive formen (siehe QR-Code unten) – also ...

➻ **Back ma's** Je 10 Teiglinge auf ein Bachblech setzen, nach Belieben mit den Toppings bestreuen und abgedeckt 30 Min. bei Zimmertemperatur reifen lassen.
Gegen Ende der Reifezeit den Backofen auf 250 °C Ober-/Unterhitze vorheizen.
Die Teiglinge leicht mit Wasser besprühen und das Backblech in den heißen Ofen (Mitte) schieben. 50 g warmes Wasser auf den Boden des Backofens gießen und 10–12 Min. backen.
Die fertigen Brötchen aus dem Ofen holen und leicht mit Wasser besprühen, damit sie glänzen.

Alltagsgebäck in geil – im Axel-Style

Urgetreidetraum

Für 1 Brot (ca. 400 g)

ZUTATEN:

Vorteig
50 g Dinkelvollkornmehl
1 g frische Hefe
50 g Wasser

Kochstück
130 g Wasser
50 g Dinkelvollkornmehl

Hauptteig
100 g Vorteig
180 g Kochstück
160 g Emmermehl
6 g Salz
5 g frische Hefe
6 g Obstessig
50 g lauwarmes Wasser

Topping
50 g Ölsaaten (z. B. Sesamsaat, Leinsamen)

Außerdem
Kasten- oder Kuchenform (18 cm Länge)

➳ **Vorteig** Alle Zutaten für den Vorteig mit einem Löffel in einer Schüssel verrühren, bis das Wasser gebunden ist. Den Teig abdecken und 10–12 Std. bei Zimmertemperatur reifen lassen.

➳ **Kochstück** Das Wasser in einem Topf zum Kochen bringen und das Mehl nach und nach mit einem Schneebesen schnell unterrühren. Den Topf vom Herd nehmen, abdecken und auf Zimmertemperatur abkühlen lassen.

➳ **Hauptteig** Alle Zutaten für den Hauptteig mit dem Knethaken der Küchenmaschine 10–12 Min. bei mittlerer Stufe verkneten.
Den Teig in eine mit Öl ausgestrichene Frischhaltedose legen, verschließen und 2 Std. bei Zimmertemperatur ruhen lassen. Nach 1 Std. den Teig – am besten in der Frischhaltedose – einmal stretchen und falten (siehe S. 31) und 1 weitere Std. in der Frischhaltedose in den Kühlschrank stellen.
Die Ölsaaten in eine Schüssel geben, den Teig mit nassen Händen zu einem Brot formen (siehe S. 32) und rundherum in den Saaten wälzen. Den Teig in eine Kasten- oder Kuchenform geben und 15–30 Min. reifen lassen.

➳ **Back ma's** Inzwischen den Backofen mit Pizzastein (Mitte) auf 250 °C Ober-/Unterhitze vorheizen.
Das Brot auf den Pizzastein im heißen Ofen setzen, 50 g warmes Wasser auf den Boden des Backofens gießen und ca. 45 Min. backen. Nach den ersten 5 Min. der Backzeit die Temperatur auf 190 °C reduzieren.

★ AXELS BACKGEHEIMNIS
Das ist ein Traum von einem Brot! Als besonderen Kniff verwende ich Urgetreidesorten. Und die mögen es gern ein bisschen wärmer als unser Weizen, deshalb ist das Wasser des Hauptteigs auch 25–30 °C warm.

Gluten-, aber nicht geschmacksfreie Brötchen

Für 6 Stück (à ca. 100 g)

ZUTATEN:

150 g	Ei
250 g	Magerquark (0,3% Fett i. Tr.)
35 g	Mandelmehl
65 g	Sonnenblumenkerne
30 g	Sesamsaat
16 g	gemahlene Flohsamenschalen
4 g	Salz
20 g	Backpulver

Topping

200 g	Leinsamen u. Buchweizen

Eier und Magerquark mit dem Rührbesen der Küchenmaschine verrühren.

Die restlichen Zutaten – bis auf das Topping – in einer separaten Schüssel vermengen und zu der Ei-Quark-Masse geben.

Alles mit dem Knethaken der Küchenmaschine 5–10 Min. kräftig verkneten. Den Teig abdecken und 15–20 Min. bei Zimmertemperatur ruhen lassen.

Inzwischen den Backofen mit Pizzastein (Mitte) auf 200 °C Ober-/Unterhitze vorheizen.

Den Teig in 6 gleich große Stücke teilen und aus diesen mit nassen Händen Brötchen formen.

Leinsamen und Buchweizen in eine Schüssel geben, die Brötchen vorsichtig rundherum darin wälzen und in gleichmäßigen Abständen auf ein Backpapier setzen. Die Oberseite der Brötchen mit einem scharfen Messer der Länge nach mittig einmal leicht einritzen.

Die Brötchen mit dem Backpapier auf den Pizzastein im heißen Ofen schieben und ca. 20–25 Min. backen.

Frankenkracher

Für 3 Brote (à ca. 300 g)

ZUTATEN:

- 30 g Brot-Paniermehl (siehe S. 146)
- 420 g lauwarmes Wasser
- 330 g Roggenmehl (Type 1150)
- 180 g Weizenmehl (Type 1050)
- 10 g frische Hefe
- 220 g Roggensauerteig (siehe S. 23)
- 15 g Salz

Paniermehl und lauwarmes Wasser in einer Schüssel vermengen und ca. 10 Min. einweichen lassen.

Alle Zutaten zum eingeweichten Paniermehl geben und mit dem Knethaken der Küchenmaschine 10 Min. bei niedriger Stufe verkneten. Den Teig abdecken und ca. 10 Min. bei Zimmertemperatur reifen lassen.

Den gereiften Teig auf eine bemehlte Arbeitsfläche setzen und zu 3 Kugeln à 300 g wirken (siehe S. 33). Mit dem Schluss nach unten auf ein bemehltes Geschirrtuch geben und abgedeckt 30–60 Min. bei Zimmertemperatur noch mal reifen lassen.

Gegen Ende der Reifezeit den Backofen mit Pizzastein (Mitte) auf 250 °C Ober-/Unterhitze vorheizen. Die Teigkugeln vorsichtig mit dem Schluss nach oben auf ein Backpapier setzen.

Die Brote mit dem Backpapier auf den Pizzastein im heißen Ofen schieben, 50 g lauwarmes Wasser auf den Boden des Backofens gießen und die Brote in ca. 40 Min. knusprig backen. Nach den ersten 10 Min. der Backzeit die Temperatur auf 190 °C reduzieren.

★ AXELS TIPP

Falls der Sauerteig bei diesem Rezept selbst gemacht wird (siehe S. 23), bitte nicht vergessen, die Reifezeit mit einzukalkulieren.

Focaccia speciale

Für 1 Pizzastein

ZUTATEN:

350 g Weizenmehl (Type 405 o. Tipo 00)
100 g Hartweizengrieß
20 g Olivenöl
10 g Salz
350 g Wasser
5 g frische Hefe

Zum Beträufeln

50 g natives Olivenöl

Alle Zutaten mit dem Knethaken der Küchenmaschine in 4 Min. auf niedriger und weiteren 10–15 Min. auf hoher Stufe zu einem geschmeidigen Teig verkneten.

Eine Frischhaltedose großzügig mit Olivenöl ausstreichen, den Teig hineinlegen, leicht verschließen und 1 Std. in den Kühlschrank stellen. Den Teig – am besten in der Frischhaltedose – einmal stretchen und falten (siehe S. 31) und weitere 17–23 Std. zum Reifen zurück in den Kühlschrank stellen.

Den Backofen mit Pizzastein (Mitte) auf 250–270 °C Ober-/Unterhitze vorheizen.

Den Teig vorsichtig mittig auf ein Backpapier gleiten lassen und das Olivenöl gleichmäßig über den Teig träufeln. Mit gespreizten Fingern Vertiefungen in den Teig drücken und das Olivenöl leicht in den Teig einmassieren. (Wichtig: Den Teig keinesfalls platt drücken!)

Den Teig mit dem Backpapier auf den Pizzastein im heißen Ofen schieben, 50 g warmes Wasser auf den Boden des Backofens gießen und in 10–15 Min. knackig goldbraun backen.

★ AXELS SPECIAL

Wer mag, kann die Focaccia vor dem Backen mit halbierten Cocktailtomaten, Fleur de Sel, Rosmarin, Oliven etc. belegen. Und sollte danach nicht vergessen, es genauso göttlich zu belegen, wie es hier rechts auf dem Foto zu sehen ist.

Gepimpte Schokocookies

Für 8 Cookies (à ca. 80 g)

ZUTATEN:

- 135 g Butter
- 185 g Weizenmehl (Type 550)
- 4 g Backpulver
- 130 g brauner Zucker
- 60 g Vanillezucker
- 1 Prise Salz
- 50 g Ei
- 120 g Schokostückchen (nach Belieben Zartbitter, Vollmilch und/oder weiße Schokolade)

Die Butter in einer heißen Pfanne zum Kochen bringen. Unter ständigem Rühren köcheln lassen, bis sich am Pfannenboden ein bräunlicher Eiweißfilm bildet. Wenige Sekunden weiterrühren und die Pfanne sofort vom Herd nehmen. Die flüssige Butter – Nussbutter genannt – in eine Schüssel geben und abkühlen, aber nicht fest werden lassen.

Inzwischen Mehl und Backpulver durch ein feines Sieb in eine Schüssel geben.

In die mittlerweile abgekühlte, aber noch flüssige Butter Zucker, Vanillezucker und Salz geben. Alles mit dem Rührbesen der Küchenmaschine schaumig schlagen. Das Ei dazugeben und so lange weiterrühren, bis sich eine schaumige Masse bildet. Nun das fein gesiebte Mehl und Backpulver nach und nach mit dem Schneebesen unterrühren.

Die Schokostückchen mit einem Teigschaber unter den Teig mischen und abgedeckt 30 Min. bei Zimmertemperatur ruhen lassen.

Inzwischen den Backofen auf 180 °C Umluft vorheizen und ein Backblech mit Backpapier belegen.

Den Teig mit einem Eisportionierer oder Löffel zu ca. 80 g schweren Kugeln formen und mit genügend Abstand auf das Backblech setzen. (Vorsicht: Der Teig läuft im Ofen weit auseinander.)

Das Backblech in den heißen Ofen (Mitte) schieben und ca. 20 Min. backen, bis die Cookies außen goldgelb und in der Mitte noch ein wenig weich sind.

Handbrot rustikal

Für 1 Brot (ca. 1000 g)

ZUTATEN:

Poolish

120 g	Dinkelmehl (Type 630)
150 g	Wasser
2 g	frische Hefe

Tahina

100 g	Sesamsaat
25 g	Pflanzenöl

Hauptteig

450 g	Weizenmehl (Type 550)
270 g	Poolish
240 g	Wasser
50 g	Tahina
15 g	Salz
5 g	Zucker
10 g	frische Hefe

Füllung

250 g	geriebener Gouda o. Emmentaler
150 g	Rotwein-, Pesto- und Chilikäse (in Scheiben)
100 g	Schinkenwürfel

➳ **Poolish** Alle Zutaten für den Poolish mit einem Löffel in einer Schüssel verrühren, bis alles gut vermischt ist. Den Teig abdecken und mindestens 8 Std. im Kühlschrank reifen lassen.

➳ **Tahina** Die Sesamsaat in einer Pfanne unter ständigem Rühren anrösten, bis sie goldgelb ist bzw. anfängt aufzupoppen. Sesamsaat und Öl in einen hohen Rührbecher geben, mit dem Stabmixer fein pürieren und abkühlen lassen.

➳ **Hauptteig** Alle Zutaten für den Hauptteig mit dem Knethaken der Küchenmaschine in 4 Min. auf niedriger und weiteren 4 Min. auf hoher Stufe zu einem geschmeidigen Teig verkneten. Den Teig abdecken und ca. 1 Std. bei Zimmertemperatur ruhen lassen.
Den Teig auf eine bemehlte Arbeitsfläche geben und vorsichtig auf Backblechgröße ausrollen.
Die Füllung als Längsstreifen in die Teigmitte setzen (Käsesorten am besten abwechseln). Den Teig an den Rändern mit Wasser befeuchten, die untere Teighälfte mittig über die Füllung klappen und fest andrücken. Die obere Teighälfte mit Spannung knapp über die Mitte der Füllung klappen, sodass eine Rolle entsteht, und festdrücken. Die beiden Enden der Rolle ebenfalls umschlagen und festdrücken.

➳ **Back ma's** Ein Backblech mit Backpapier belegen und den Backofen auf 240 °C Ober-/Unterhitze vorheizen.
Den Teig umgedreht auf das Backblech setzen und mit einem Kochlöffel in mehrere gleich große Stücke teilen. Dazu mit dem Stiel des Kochlöffels den Teig fast bis auf den Boden des Backblechs durchdrücken. Mit einem Messer den Teig längs bis zur Füllung aufschneiden.
Das Backblech in den heißen Ofen schieben (Mitte), 50 g warmes Wasser auf den Boden des Backofens gießen und in ca. 20 Min. außen goldgelb knusprig und innen zart schmelzend backen. Am besten heiß verzehren!

AXEL SCHMITT
Brotsommelier

AXEL SCHMITT
Brotsommelier

Rhabarbertartelettes mit Baiser

Für 6 Tartelettes (à ca. 200 g)

ZUTATEN:

Mürbeteig
20 g Eigelb
50 g Puderzucker
10 g Vanillezucker
100 g Butter
1 Prise Salz
abgeriebene Schale von ½ Bio-Zitrone
½ geriebene Tonkabohne
150 g Weizenmehl (Type 405 o. 550)

Rhabarberroyal
300 g Rhabarber
100 g Ei
40 g Zucker
5 g Speisestärke
200 g Sahne
Mark von 1 Vanilleschote

Baiser
90 g Eiweiß
180 g Zucker

Außerdem
6 Tarteletteformen (à 8 cm Durchmesser)
Spritzbeutel mit Sterntülle (8–10 mm Durchmesser)

➸ **Mürbeteig** Alle Zutaten für den Mürbeteig – bis auf das Mehl – flott mit den Händen in einer Schüssel vermengen. Das Mehl dazugeben und so lange kneten, bis sich ein homogener Teig bildet. Den Teig in Frischhaltefolie wickeln und mindestens 30 Min. in den Kühlschrank legen. (Am besten über Nacht: Je kühler der Teig, desto einfacher lässt er sich weiterverarbeiten.)
Den Teig auf einer bemehlten Arbeitsfläche ca. 3 mm dünn ausrollen. 6 Kreise (ca. 10 cm Durchmesser) ausstechen und jeweils in die Tarteletteformen drücken.
Den Backofen auf 180 °C Umluft vorheizen.

➸ **Rhabarberroyal** Den Rhabarber putzen, die Fäden abziehen und in 0,5–1 cm lange Stücke schneiden.
Für den Royal die übrigen Zutaten mit einem Schneebesen in einer Schüssel gut verrühren.
Die Rhabarberstückchen gleichmäßig auf die Tarteletteformen verteilen und den Royal daraufgießen.
Die Backformen auf ein Backblech setzen und die Tartelettes 25–30 Min. im heißen Ofen (Mitte) backen. Nach 5–10 Min. der Backzeit die Backofentür kurz öffnen und die Feuchtigkeit entweichen lassen. Die fertig gebackenen Tartelettes aus dem Ofen nehmen und abkühlen lassen.

➸ **Baiser** Das Eiweiß mit dem Rührbesen der Küchenmaschine zu Eischnee schlagen, nach 1 Min. den Zucker dazugeben und die Masse auf höchster Stufe steif schlagen. Den Eischnee in den Spritzbeutel füllen, Rosetten auf die Rhabarbertartelettes spritzen und mit dem Bunsenbrenner oder im Backofen bei 250 °C Oberhitze 2–5 Min. bis zum gewünschten Braunton abflämmen. Schmeckt warm und kalt super!

Himbeertwist

Für 2 Zöpfe (à ca. 300 g)

ZUTATEN:

Teig

230 g Weizenmehl (Type 550)
4 g Salz
25 g Zucker
10 g frische Hefe
20 g Butter
50 g Ei
90 g Milch (3,5 % Fett)
abgeriebene Schale von ½ Bio-Limette (nach Belieben)
1 Msp. geriebene Tonkabohne (nach Belieben)

Füllung

130 g Himbeeren (frisch o. TK-Ware)
30 g Zucker
25 g + 15 g Wasser
12 g Stärke

Außerdem

2 Kastenformen (à 15 cm Länge)

➳ Teig Alle Zutaten für den Teig mit dem Knethaken der Küchenmaschine in 4 Min. auf niedriger und weiteren 4 Min. auf hoher Stufe zu einem geschmeidigen Teig verkneten. Den Teig abdecken und 10–12 Std. im Kühlschrank reifen lassen.

➳ Füllung Himbeeren, Zucker und 25 g Wasser in einen Topf geben und unter gelegentlichem Rühren so lange köcheln lassen, bis sich eine geschmeidige Masse bildet.
Die Stärke und die restlichen 15 g Wasser mit einem Löffel in einem Becher gut verrühren und zur Himbeermasse in den Topf geben. Unter ständigem (!) Rühren 20–40 Sek. weiterköcheln lassen. Sofort vom Herd nehmen, abgedeckt abkühlen lassen und in den Kühlschrank stellen.
Den gereiften Teig auf eine bemehlte Arbeitsfläche geben und halbieren. Jede Hälfte dünn zu einem Rechteck (ca. 35 x 15 cm) ausrollen und mit jeweils der Hälfte der Himbeerfüllung gleichmäßig bestreichen, dabei einen Rand von 1 cm frei lassen. Jedes Teigstück unter Spannung aufrollen und mit einem nassen Brotmesser längs halbieren. Die Anschnitte nach oben legen und beide Teigstücke miteinander verzwirbeln (siehe QR-Code unten). Die Enden gut aneinanderdrücken und jeden Twist in eine Kastenform setzen. Abgedeckt bei Zimmertemperatur 45–60 Min. reifen lassen.

➳ Back ma's Gegen Ende der Reifezeit den Backofen auf 180 °C Umluft vorheizen. Die Kastenformen auf das Backblech (Mitte) im heißen Ofen setzen, 50 g warmes Wasser auf den Boden des Backofens gießen und in 40–45 Min. fertig backen. Mmmhhhmmm, so fruchtig!

★ AXELS BACKGEHEIMNIS

Falls die Oberfläche des Twists vor Ende der Backzeit zu dunkel wird, einfach ein Stück Backpapier als Hitzeschutz darauflegen.

Glücksbrot

Für 1 Brot (ca. 750 g)

ZUTATEN:

Poolish

- 80 g Dinkelmehl (Type 630)
- 85 g Hafermilch
- 2 g frische Hefe

Quellstück

- 40 g Kürbiskerne
- 40 g Sesamsaat
- 60 g Haferdrink

Hauptteig

- 165 g Poolish
- 140 g Quellstück
- 200 g Dinkelmehl (Type 630)
- 65 g Haferkleie
- 6 g Salz
- 15 g frische Hefe
- 140 g Wasser
- 35 g Blattspinat
- 80 g Urkarotten

Außerdem

Tontopf mit Deckel

➸ **Poolish** Alle Zutaten für den Poolish mit einem Löffel in einer Schüssel verrühren, bis alles gut vermischt ist. Den Teig abdecken und ca. 10 Std. im Kühlschrank reifen lassen.

➸ **Quellstück** Kürbiskerne und Sesamsaat in einer Pfanne ohne Öl oder im Backofen bei 180 °C unter ständigem Rühren goldgelb anrösten. Die Saaten in eine Schüssel geben, mit einem Löffel die Hafermilch einrühren und abgedeckt im Kühlschrank mindestens 10 Std. quellen lassen.

➸ **Hauptteig** Alle Zutaten für den Teig - bis auf das Gemüse - mit dem Knethaken der Küchenmaschine in 4 Min. auf niedriger Stufe zu einem geschmeidigen Teig verkneten. Die Urkarotten waschen und fein raspeln. Den Spinat ebenfalls waschen und die Stiele entfernen.
Urkarotten und Spinat zum Teig geben und 5 Min. auf hoher Stufe gut durchkneten. Der Teig muss glänzen und sich leicht vom Schüsselrand lösen. Den Teig in eine mit Öl ausgestrichene Frischhaltedose legen, leicht verschließen und 90 Min. bei Zimmertemperatur ruhen lassen. Nach 45 Min. den Teig - am besten in der Frischhaltedose - einmal stretchen und falten (siehe S. 31).

➸ **Back ma's** Inzwischen den Backofen mit Tontopf und Pizzastein (unten) auf 250 °C Ober-/Unterhitze vorheizen. Den Teig vorsichtig auf ein bemehltes Backpapier stürzen und mit Mehl bestäuben. Die Teigecken in der Mitte übereinanderlegen, sodass eine runde Form entsteht. Mit dem Backpapier in den vorgeheizten Tontopf setzen und den Deckel daraufsetzen.
Den Tontopf in den heißen Ofen stellen (Mitte), nach den ersten 10 Min. Backzeit die Temperatur auf 200 °C reduzieren und weitere ca. 20 Min. backen. Das Brot aus dem Topf nehmen und mit dem Backpapier auf den Pizzastein im heißen Ofen setzen. In weiteren 20–30 Min. kross goldgelb backen.

RÖM

Wurzelbrot Ruchmehl

Für 5 Brote (à ca. 200 g)

ZUTATEN:

Poolish

125 g Ruchmehl
150 g Wasser
1 g frische Hefe

Hauptteig

375 g Ruchmehl
275 g Poolish
200 g + 100 g Wasser
10 g frische Hefe
14 g Salz

➸ **Poolish** Alle Zutaten für den Poolish mit einem Löffel in einer Schüssel verrühren, bis alles gut vermischt ist. Den Teig abdecken und ca. 16 Std. im Kühlschrank reifen lassen.

➸ **Hauptteig** Alle Zutaten – bis auf 100 g Wasser – mit dem Knethaken der Küchenmaschine 5 Min. auf niedriger Stufe kneten. Weitere 8 Min. auf hoher Stufe zu einem geschmeidigen Teig verarbeiten, dabei die übrigen 100 g Wasser schluckweise dazugeben.
Den Teig in eine mit Öl ausgestrichene Frischhaltedose legen, diese leicht verschließen und den Teig 1½ Std. bei Zimmertemperatur reifen lassen. Nach 30 Min. den Teig – am besten in der Frischhaltedose – einmal stretchen und falten (siehe S. 31) und 1 weitere Std. ruhen lassen.

➸ **Back ma's** Den Backofen mit Pizzastein (unten) auf 250 °C Ober-/Unterhitze vorheizen.
Den Teig vorsichtig auf die bemehlte Arbeitsfläche gleiten lassen, in 5 gleich lange Stränge teilen und diese vorsichtig verdrillern.
Die Teiglinge auf ein Backpapier setzen.
Die Wurzelbrote mit dem Backpapier auf den Pizzastein im heißen Ofen schieben, 50 g warmes Wasser auf den Boden des Backofens gießen und in ca. 15 Min. kross backen.

All-in-Burger

Für 5 Stück (à ca. 90 g)

ZUTATEN:

Teig

250 g Weizen- (Type 550) o. Dinkelmehl (Type 630)
165 g Milch (3,5 % Fett)
15 g Butter
8 g Zucker
6 g Salz
8 g frische Hefe

Füllung

200 g Hackfleisch (Rind, Schwein o. Sojageschnetzeltes)
Pflanzenöl
Salz, Pfeffer
6-8 g Cocktailtomaten
1 Zwiebel (nach Belieben)
Burgersauce (Ketchup, Mayo, Senf)

Topping

50 g Ei, verquirlt
Sesamsaat, Schwarzkümmel (nach Belieben)

➳ **Teig** Alle Zutaten für den Teig mit dem Knethaken der Küchenmaschine in 4 Min. auf niedriger und weiteren 4 Min. auf hoher Stufe verkneten.
Den Teig in 5 Stücke à ca. 90 g teilen und jeweils zu 1 Kugel schleifen (siehe S. 33). Mit Frischhaltefolie abdecken und 30–45 Min. auf der Arbeitsfläche reifen lassen.

➳ **Füllung** Inzwischen das Hackfleisch in der Pfanne in etwas Öl kurz anbraten (es sollte nicht durchgebraten sein), mit Salz und Pfeffer würzen. Abkühlen lassen. Tomaten und Zwiebel in Ringe schneiden.
Die Teigkugeln auf eine bemehlte Arbeitsfläche setzen und flach drücken.
Die Füllung mittig auf den Kugeln verteilen (Reihenfolge: Hackfleisch, Zwiebeln, Tomaten, Sauce), dabei einen Rand von ca. 1 cm frei lassen und mit Pfeffer und Salz würzen. Zwei sich gegenüberliegende Teigenden in der Mitte übereinanderlegen – ebenso mit den anderen Teigenden verfahren, bis eine Kugel entstanden und die Füllung komplett umschlossen ist.
Ein Backblech mit Backpapier belegen und die Teigkugeln mit dem Schluss nach unten auf das Backblech setzen. Mit Frischhaltefolie abdecken und 30–45 Min. bei Zimmertemperatur reifen lassen.

➳ **Back ma's** Gegen Ende der Reifezeit den Backofen auf 230 °C Umluft vorheizen.
Die gereiften Teigstücke vorsichtig mit dem verquirlten Ei bestreichen und nach Belieben mit Sesamsaat und/oder Schwarzkümmel bestreuen.
Das Backblech in den heißen Ofen (Mitte) schieben, 50 g warmes Wasser auf den Boden des Backofens gießen und die Teigstücke in ca. 10 Min. goldbraun, aber noch fluffig backen. Guten Appetit!

Axel on fire: Der Ofen ist nicht die Grenze

Lavatörtchen vom Bügeleisen

Für 5 Stück (à ca. 60 g)

ZUTATEN:

60 g Butter
75 g Zartbitterkuvertüre
60 g Zucker
35 g Weizenmehl (Type 405 o. 550)
100 g Ei

Nach Belieben

1 g Salz
5 g Rum
Mark von 1 Vanilleschote

Außerdem

5 Backförmchen (à 7 cm Durchmesser)
Bügeleisen
Puderzucker zum Bestäuben

Butter und Kuvertüre so lange bei schwacher Hitze in einem Topf schmelzen lassen, bis die Masse flüssig, aber nicht zu heiß ist. Zucker, Mehl und Eier unter ständigem Rühren dazugeben, bis sich eine homogene Masse bildet.

Nach Belieben mit Salz, Rum und Vanille abschmecken und den Teig auf die leicht mit Öl ausgestrichenen Backförmchen verteilen.

Ein Bügeleisen mit der Sohle nach oben zwischen zwei Ziegelsteine oder Ähnliches klemmen. Den Temperaturregler auf höchste Stufe drehen (Vorsicht: Unbedingt den Dampf ausstellen!) und eine Backform mittig auf die Bügeleisensohle setzen. Einen auf das Bügeleisen passenden kleinen Topf über die Backform stülpen und 10–12 Min. backen. (Achtung: Während des Backvorgangs den Übertopf nicht abheben!)

Das Backförmchen vom Bügeleisen nehmen und ca. 1 Minute abkühlen lassen. Das Törtchen ist perfekt gelungen, wenn es am Rand fest, in der Mitte aber noch etwas weich ist. Auf einen Teller stürzen und mit Puderzucker bestäuben.

★ AXELS BACKGEHEIMNIS

Der kleine Topf auf dem Bügeleisen ist wie eine Minibackkammer, in der die Hitze von allen Seiten zirkulieren kann. Wer nicht so gern am Bügeleisen steht, kann die Lavatörtchen auch in den Backofen schieben und bei 190 °C Umluft in 8–10 Minuten fertig backen.

Stockbrot am Feuer

Für 8 Brote

ZUTATEN:

500 g	Weizenmehl (Type 405)
300 g	Wasser
15 g	frische Hefe
25 g	Olivenöl
10 g	Salz
5 g	Zucker

Außerdem

8	Holzstöcke (z. B. Hasel, Buche o. Weide; ohne Rinde)

Lagerfeuer o. Feuerschale

Alle Zutaten mit dem Knethaken der Küchenmaschine in 4 Min. auf niedriger und weiteren 4 Min. auf hoher Stufe zu einem geschmeidigen Teig verkneten.

Den Teig in eine mit Öl ausgestrichene Frischhaltedose legen, diese leicht verschließen und 1–20 Std. in den Kühlschrank stellen.

⅛ des Teigs aus der Frischhaltedose nehmen, zwischen den Händen zu einem 25–30 cm langen Strang zwirbeln und eng um den Holzstock wickeln. Die Enden dabei gut andrücken. Auf diese Weise alle Stöcke umwickeln.

Das Stockbrot über der Glut eines offenen Feuers gleichmäßig drehen und in 10–15 Min. goldgelb backen. (Vorsicht: Nicht zu nah an oder in die Glut halten, sonst verkohlt das Stockbrot!)

⋆ TIPP VOM BÄCKER AXEL

Dieser Teig eignet sich hervorragend fürs Picknick im Grünen: Den Teig in die Kühlbox packen und dann einfach um Stöcke wickeln! Wer das Ganze im Winter veranstalten will und es draußen zu kalt ist, kann sich auch gemütlich mit dem Sessel vor den offenen Backofen setzen und bei 250 °C Oberhitze sein Stockbrot darin grillen.

Blitzbrötchen aus der Pfanne

Für 4 Stück (à ca. 75 g)

ZUTATEN:

20 g	Olivenöl
150 g	Joghurt (3,8 % Fett)
130 g	Weizen- (Type 550) o. Dinkelmehl (Type 630)
8 g	Backpulver
4 g	Salz

Alle Zutaten mit einem Löffel in einer Schüssel zu einem geschmeidigen Teig verrühren.

Den Teig auf eine bemehlte Arbeitsfläche geben, zu einer länglichen Rolle von ca. 18 cm formen und diese in 4 gleich dicke Scheiben schneiden.

Die Anschnitte leicht bemehlen, die Teiglinge flach drücken und in der heißen Pfanne ohne Öl bei mittlerer Hitze von jeder Seite 4–5 Min. zu goldgelben Brötchen backen. Lecker!

⋆ AXELS TIPP

Die Brötchen sind so wunderbar weich, dass sie hervorragend zu Süßem wie Marmelade oder Schokocreme passen, aber auch zu Würzigem wie beispielsweise einem Mangochutney mit Tomaten und Frühlingszwiebeln.

Zitrustarte aus der Höllenglut

Für 2 Tartes (á ca. 450 g)

ZUTATEN:

Teig

130 g Ei
130 g Butter
70 g Zucker o. Kuchenzucker (siehe S. 22)
260 g Dinkelmehl (Type 630)
5 g Backpulver
abgeriebene Schale von 1 Bio-Limette
Saft von 3 Limetten

Baiser

120 g Eiweiß
200 g Zucker

Außerdem

2 Tarteförmchen (à 16 cm Durchmesser)
Kugelgrill

➻ **Teig** Die Eier in einem Becher aufschlagen, dabei nicht verquirlen.
Butter und Zucker mit dem Rührbesen der Küchenmaschine schaumig schlagen und einen Schluck Eiweiß aus dem Becher für mehr Volumen dazugeben.
Das Dinkelmehl mit dem Backpulver vermengen und fein sieben. Den Limettenabrieb zur Butter-Zucker-Masse geben. Die Masse mit dem Rührbesen der Küchenmaschine weiter verrühren. Dabei insgesamt dreimal nach und nach abwechselnd einen Schluck Limettensaft, Eier und das gesiebte Mehl mit Backpulver dazugeben. (Wichtig: Mit den Flüssigkeiten beginnen und mit den trockenen Zutaten, dem Mehl, enden.)
Den Teig auf die beiden mit Öl ausgestrichenen Tarteförmchen verteilen und bei mittlerer Hitze im Kugelgrill ca. 20 Min. backen. (Achtung: Während des Backvorgangs sollte der Grill nicht geöffnet werden!)

➻ **Baiser** Inzwischen das Eiweiß mit dem Rührbesen der Küchenmaschine flaumig schlagen, nach 1 Min. den Zucker dazugeben und die Masse auf höchster Stufe steif schlagen.

➻ **Back ma's** Den Teig aus dem Kugelgrill nehmen, etwas abkühlen lassen und mit einem Löffel das Baiser auf die Tartes verteilen.
Mit dem Bunsenbrenner (alternativ im Backofen bei 250 °C Oberhitze) 2–5 Min. bis zum gewünschten Bräunungsgrad abflämmen.

Parmesan-Lollies

Für 15 Stück (à ca. 20 g)

ZUTATEN:

100 g	geriebener Parmesan
250 g	Butter (nicht zu hart)
5 g	Salz
1	gehackte Knoblauchzehe
220 g	Weizen- (Type 405) o. Dinkelmehl (Type 630)

Außerdem

15 Rosmarinzweige
heißer Stein (Raclette)

Alle Zutaten – bis auf das Mehl – flott mit den Händen in einer Schüssel vergreifen. Das Mehl dazugeben und so lange kneten, bis sich ein homogener Teig bildet. (Wichtig: Den Teig nicht zu lange kneten, da die Butter sonst zu warm und der Teig brandig, also bröselig wird.)

Den Teig auf einer bemehlten Arbeitsfläche zu einer länglichen Rolle mit ca. 5 cm Durchmesser formen, in Frischhaltefolie wickeln und mindestens 30 Min. in den Kühlschrank legen. (Am besten über Nacht: Je kühler der Teig, desto einfacher lässt er sich weiterverarbeiten.)

Den heißen Stein vorheizen und von der Teigrolle 15 Scheiben, jede 0,5 cm dick, abschneiden.

Die Rosmarinzweige auf den heißen Stein legen und auf jede Zweigspitze jeweils 1 Teigscheibe legen. Der Teig verschmilzt in 4–5 Min. mit dem oberen Rosmarinzweig goldbraun. Die Zweige mithilfe eines Messers vorsichtig vom Stein lösen, wenden und von der anderen Seite weitere 4–5 Min. backen.

★ AXELS TIPP

Super geeignet als coole Vorspeise oder aber als Party-Überraschungssnack. Kann warm gegessen werden, schmeckt aber am besten leicht abgekühlt – sobald der Parmesan-Lollie nicht mehr brüchig ist.

Sachertorte aus der Mikrowelle

Für 1 Torte (ca. 17 cm Durchmesser)

ZUTATEN:

Teig

100 g Ei
10 g Pflanzenöl
120 g Schmand
100 g Weizenmehl (Type 550)
80 g Puderzucker
60 g Kakaopulver
5 g Backpulver

Aprikosenschicht

200 g Aprikosenkonfitüre

Schokoladenschicht

40 g Pflanzenöl
40 g Butter
160 g Zartbitterkuvertüre

Außerdem

runde Form (17 cm Durchmesser, mikrowellengeeignet; auch Plastikschüssel möglich)
Physalis, Heidel- oder Himbeeren (nach Belieben)
Puderzucker zum Bestäuben (nach Belieben)

➙ **Teig** Eier, Öl und Schmand mit dem Schneebesen in einer Schüssel zu einer homogenen Masse verrühren.
Mehl, Puderzucker, Kakao- und Backpulver mit einem Löffel vermischen und fein sieben. Die Mischung mit einem Schneebesen unter die Eiermasse rühren.
Den Teig in eine mikrowellengeeignete, ausgefettete Form geben und in der Mikrowelle bei 600 Watt 7 Min. backen. Den Kuchen kurz abkühlen lassen und den Boden bei Bedarf mit einem Messer begradigen.

➙ **Aprikosenschicht** Die Aprikosenkonfitüre in der Mikrowelle bei 600 Watt unter gelegentlichem Rühren vollständig verflüssigen (Vorsicht: sehr heiß!).
Den noch warmen Kuchen auf einen Teller stürzen, die Oberseite sowie den Rand mit der heißen Aprikosenkonfitüre bestreichen. (Es sollte eine spiegelglatte, gern etwas dickere Schicht ergeben.) Den Kuchen ca. 10 Min. im Kühlschrank abkühlen lassen, bis die Konfitüre eine feste Deckschicht bildet.

➙ **Schokoladenschicht** Öl, Butter und Kuvertüre in der Mikrowelle bei 600 Watt vorsichtig in mehreren Schritten lauwarm verflüssigen. Die Masse über dem inzwischen erkalteten Kuchen und auf dem Rand verteilen. Bei Bedarf dafür einen Löffel zu Hilfe nehmen oder so lange am Teller ruckeln, bis eine glatte Oberfläche entsteht.
Nach Belieben den Kuchen mit Physalis, Heidel- oder Himbeeren garnieren und mit Puderzucker bestreuen.

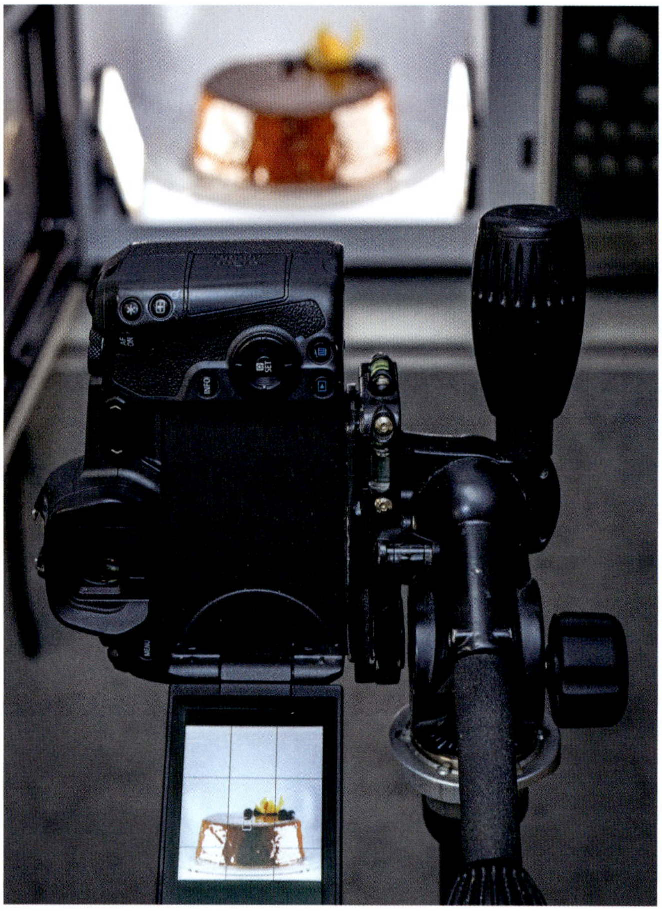

Crispy Buns

Für 8 Stück (à ca. 80 g)

ZUTATEN:

Poolish
- 40 g Wasser
- 40 g Weizenmehl (Type 550)
- 1 g frische Hefe

Hauptteig
- 80 g Poolish
- 225 g Milch (3,5% Fett) o. Pflanzendrink
- 340 g Weizenmehl (Type 550)
- 15 g Hefe
- 10 g Honig
- 10 g Salz

Crispymantel
- 100 g Ei
- 30 g Milch
- 100 g Cornflakes
- 40 g Semmelbrösel
- 2 g Currypulver
- 2 g Paprikapulver
- 2 g Salz

Außerdem

Pflanzenöl zum Frittieren

➳ **Poolish** Alle Zutaten für den Poolish mit einem Löffel in einer Schüssel verrühren, bis alles gut vermischt ist. Den Teig abdecken und ca. 10 Std. im Kühlschrank reifen lassen.

➳ **Hauptteig** Alle Zutaten für den Hauptteig mit dem Knethaken der Küchenmaschine in 2 Min. auf niedriger und weiteren 6 Min. auf hoher Stufe zu einem geschmeidigen Teig verkneten.
Den Teig auf eine bemehlte Arbeitsfläche geben und dort abgedeckt ca. 10 Min. ruhen lassen.
Den Teig mit bemehlten Händen in 8 gleich große Stücke teilen. Jedes Teigstück zu 1 Kugel schleifen (siehe S. 33) und auf ein leicht bemehltes Geschirrtuch setzen. Mit Frischhaltefolie abdecken und ca. 1 Std. reifen lassen, bis sich das Teigvolumen verdoppelt hat.
Gegen Ende der Reifezeit reichlich Öl in einem hohen Topf auf ca. 180 °C erhitzen.

➳ **Crispymantel** Inzwischen Eier und Milch mit einem Löffel in einem tiefen Teller verquirlen. Die restlichen Zutaten mit der Hand in einem weiteren tiefen Teller vermengen, die Cornflakes dabei zerkleinern.

➳ **Back ma's** Die Teigkugeln erst vorsichtig in der Eier-Milch-Masse, dann in der Cornflakes-Mischung wälzen.
Die Kugeln im heißen Öl in ca. 8 Min. unter gelegentlichem Wenden herausbacken. Sobald die Burgerbuns von beiden Seiten knusprig sind, mit einem Schaumlöffel herausheben und auf Küchenpapier abtropfen lassen.

⋆ **AXELS SPECIAL**

Ein wahres Erlebnis! Schmeckt mal ganz anders – nämlich nach einem Mix aus Krapfen und Brötchen. Und nicht vergessen, sie auch zu belegen: mit Salat, Käse, Tomaten …

Scharfe Churros

Für 2 Portionen

ZUTATEN:

Teig
200 g Wasser
50 g Sahne
70 g Butter
5 g Chiliflocken
125 g Weizenmehl (Type 550)
1 Prise Salz
abgeriebene Schale von 1 Bio-Limette
Mark von 1 Vanilleschote
150 g Ei

Ummantelung
150 g Zucker
2–5 g Zimt

Außerdem
Pflanzenöl zum Frittieren
Spritzbeutel mit Stern- o. Rosettentülle (ca. 10 mm Durchmesser)

➳ **Teig** Wasser, Sahne und Butter in einen Topf geben und unter gelegentlichem Rühren so lange köcheln lassen, bis alles gut vermengt ist.
Unter ständigem Rühren Chiliflocken und Mehl dazugeben, bis sich am Topfboden ein weißlicher Belag bildet. Nur noch wenige Sekunden weiterrühren, dann den Topf vom Herd nehmen. Die Röstmasse in eine Rührschüssel geben und abkühlen lassen.
Inzwischen Zucker und Zimt mit einem Löffel in einem tiefen Teller miteinander vermengen und reichlich Öl in einem hohen Topf auf ca. 170 °C erhitzen.
In den mittlerweile abgekühlten Teig Salz, Limettenabrieb, Vanille und Ei geben und mit dem Rührbesen der Küchenmaschine auf mittlerer Stufe zu einer homogenen Masse verrühren.

➳ **Back ma's** Die Masse in einen Spritzbeutel mit Stern oder Rosettentülle geben und 3–4 cm große Stücke direkt in das heiße Öl im Topf spritzen. Die einzelnen Stücke mit einer Schere abtrennen. (Wichtig: Um ein Ankleben des Teigs zu vermeiden, die Klingen der Schere gelegentlich in Wasser tauchen.) Je nach Größe die Churros in 2–5 Min. unter gelegentlichem Wenden goldgelb backen.
Sobald die Churros rundherum knusprig sind, mit einem Schaumlöffel herausheben und auf Küchenpapier abtropfen lassen. Danach in der Zucker-Zimt-Mischung wälzen. Höllisch gut!

Brotdöner

Für 1 Brot (ca. 400 g)

ZUTATEN:

Teig

250 g Weizen- (Type 405 o. 550) o. Dinkelmehl (Type 630)
165 g Wasser
5 g Salz
10 g natives Olivenöl
5 g frische Hefe

Belag

150 g Zaziki
Paprika o. Peperoni (nach Belieben)

Außerdem

Dönergrill

➻ **Teig** Alle Zutaten für den Teig mit dem Knethaken der Küchenmaschine in 4 Min. auf niedriger und weiteren 8 Min. auf mittlerer Stufe zu einem geschmeidigen Teig verkneten.
Den Teig in eine dünn mit Öl ausgestrichene Frischhaltedose setzen, diese leicht verschließen und 6–12 Std. in den Kühlschrank stellen.

➻ **Grill ma's** Paprika oder Peperoni in Stücke schneiden. Den Teig auf der bemehlten Arbeitsfläche zu einem ca. 0,5 cm dünnen Rechteck (30 x 40 cm) ausrollen. Mit Zaziki bestreichen und Paprika- oder Peperonistücken bestreuen, dabei einen Rand von 1 cm frei lassen.
Das Teigstück unter Spannung längs aufrollen und in 2–3 cm dicke Scheiben schneiden.
Die Teigscheiben nacheinander auf den Drehspieß stecken und in 10–15 Min. knackig braun grillen. Sobald der Teig außen kross ist, mit einem Brotmesser der Länge nach Portionen abschneiden.

⋆ **AXELS KNOW-HOW**

Wem das zu aufregend ist oder wer keinen Dönergrill besitzt, kann die Teigscheiben auch ca. 20 Minuten bei 200 °C Ober-/Unterhitze (Mitte) backen. Nicht vergessen: Wenn der Teig in den Backofen geschoben wird, 50 Gramm warmes Wasser auf den Boden des Backofens gießen!

Flammkuchen

Für 3 Stück (à ca. 90 g)

ZUTATEN:

Teig

150 g Weizen- (Type 550) o. Dinkelmehl (Type 630)
3 g Salz
3 g frische Hefe
100 g Wasser
10 g Pflanzenöl
3 g Zucker

Belag

150 g Schmand
50 g Ei
Salz, Pfeffer
Speck, Zwiebeln, Spargel, Paprika etc. (nach Belieben)

➸ **Teig** Alle Zutaten für den Teig mit dem Knethaken der Küchenmaschine in 4 Min. auf niedriger und weiteren 4 Min. auf hoher Stufe zu einem geschmeidigen Teig verkneten.
Den Teig auf eine bemehlte Arbeitsfläche geben und in 3 gleich große Stücke teilen. Mit bemehlten Händen jedes Teigstück zu einer Kugel à ca. 90 g schleifen (siehe S. 33).
Die Teigkugeln in eine mit Öl ausgestrichene Frischhaltedose setzen, diese leicht verschließen und 1–20 Std. in den Kühlschrank stellen.
Die Teiglinge auf der bemehlten Arbeitsfläche ca. 3 mm dünn (rund oder länglich) ausrollen.

➸ **Back ma's** Den Backofen mit Pizzastein (Mitte) auf 250–280 °C Ober-/Unterhitze vorheizen.
Schmand und Ei in einer Schüssel mit dem Schneebesen verrühren, mit Salz und Pfeffer abschmecken. Nach Belieben weitere Zutaten für den Belag klein schneiden.
Die Teiglinge mit der Schmand-Ei-Mischung bestreichen und nach Herzenslust belegen.
Die Flammkuchen nacheinander direkt auf dem Pizzastein im heißen Ofen in 2–5 Min. nacheinander knackig goldbraun backen.

★ **AXELS SPECIAL**

Die stilechte Alternative: Die belegten Flammkuchen mit dem Bunsenbrenner flambieren, statt im Ofen zu backen – dauert höchstens 40 Sekunden!
Auch auf Vorrat lassen sich die Flammkuchenfladen superschnell herstellen: Dazu die ausgerollten Teiglinge auf ein mit einem Geschirrtuch belegtes Backblech setzen und 2 Minuten bei 250–280 °C backen. Nicht vergessen, zeitgleich mit dem Backblech 50 Gramm lauwarmes Wasser auf den Boden des Backofens zu gießen. Im Kühlschrank sind die Böden 2–4 Tage haltbar – sie können einfach belegt und anschließend gebacken werden.

Knäckebrot spezial

Für 3 Brote (à ca. 250 g)

ZUTATEN:

130 g Dinkelvollkornmehl
130 g Haferflocken
50 g Sonnenblumenkerne
50 g Leinsamen
150 g Joghurt (3,8 % Fett)
300 g Wasser
5 g Salz
Chiliflocken (nach Belieben)

Außerdem
Waffeleisen

Alle Zutaten mit dem Schneebesen in einer Schüssel zu einer homogenen Masse verrühren. Den Teig abdecken und ca. 15 Min. bei Zimmertemperatur quellen lassen.

Inzwischen das Waffeleisen vorheizen.

3–4 Esslöffel Teig auf die untere Heizplatte des Waffeleisens geben, das Waffeleisen schließen und bei drei Viertel der Leistung in 15–20 Min. knusprig backen. Den Vorgang für 2 weitere Knäckebrote wiederholen.

★ AXELS BACKGEHEIMNIS

Solange es aus dem Waffeleisen dampft, ist das Knäckebrot noch nicht fertig. Lieber immer mal wieder reingucken und auch mal auf den Teig drücken – sobald er sich trocken anfühlt, ist das Knäckebrot fertig.

Backen für Angeber

Sodabread

Für 2 Brote (à ca. 300 g)

ZUTATEN:

400 g	Weizenmehl (Type 405 o. 550)
10 g	Salz
10 g	Backpulver
15 g	Honig
340 g	Buttermilch

Mehl, Salz und Backpulver mit einem Löffel in einer Schüssel vermengen. (Wichtig: Zuerst die trockenen Zutaten miteinander vermischen, da das Backpulver bei Feuchtigkeit sofort zu treiben beginnt.) Honig und Buttermilch dazugeben und mit dem Knethaken der Küchenmaschine 10 Min. bei mittlerer Stufe gründlich kneten.

Den Backofen mit Pizzastein (Mitte) auf 240 °C Ober-/ Unterhitze vorheizen.

Den Teig auf eine bemehlte Arbeitsfläche geben, in 2 gleich große Stücke teilen und jedes Teigstück zu einer Kugel wirken (siehe S. 33).

Die beiden Teiglinge auf ein Backpapier setzen, gut bemehlen und in der Mitte tief kreuzförmig einschneiden. (Durch das Aufplatzen der Oberfläche bilden sich die leckeren Röstaromen.)

Beide Brote mit dem Backpapier auf den Pizzastein im heißen Ofen schieben, 50 g warmes Wasser auf den Boden des Backofens gießen und 35 Min. backen. Nach 5 Min. die Temperatur auf 200 °C reduzieren.

★ AXELS WISSENSBOX

Das Schöne an diesem Brot: Es geht ruckzuck! Nachdem es ohne Hefe oder Sauerteig gebacken wird, benötigt es keinerlei Reifephasen – das Backpulver übernimmt hier die ganze Arbeit.

Geile Birne

Für 5 Portionen

ZUTATEN:

- 5 Birnen (klein bis mittelgroß)
- 500 g roter Kinderpunsch o. Glühwein

Teig

- 100 g Butter
- 100 g Kuchenzucker (siehe S. 22)
- 100 g Ei
- 180 g Weizenmehl (Type 550)
- 25 g Kakaopulver
- 5 g Backpulver
- 1 Prise Zimt
- 1 Prise Stollen- o. Lebkuchengewürz
- 1 Prise Salz
- abgeriebene Schale von 1 Bio-Zitrone
- 1 Prise Pfeffer
- 150 g Milch (3,5 % Fett)

Außerdem

- 5 Sturzgläser (à 370 ml)

Die Birnen schälen, den Blütenansatz entfernen, jedoch den Stiel für die Optik daranlassen.

Den Kinderpunsch oder Glühwein in einem Topf zum Köcheln bringen, die geschälten Birnen dazugeben und 20 Min. simmern lassen. Die nun roten Birnen mit einer Schaumkelle herausnehmen, auf Küchenpapier abtropfen und abkühlen lassen.

➸ **Teig** Butter und Kuchenzucker mit dem Rührbesen der Küchenmaschine schaumig schlagen. Nach und nach die Eier dazugeben, bis sich eine homogene Masse bildet.
Mehl, Kakao- und Backpulver sowie alle Gewürze mit dem Schneebesen in einer Schüssel vermengen.
Die Butter-Zucker-Masse mit dem Rührbesen der Küchenmaschine weiter verrühren und insgesamt 3-mal nach und nach abwechselnd einen Schluck Milch und die Mehlmischung dazugeben. (Wichtig: Mit den Flüssigkeiten beginnen und mit den festen Zutaten aufhören.)

➸ **Back ma's** Den Backofen mit Backgitter (Mitte) auf 180 °C Umluft vorheizen.
Mit einem Löffel jeweils ca. 130 g Teig in ein Sturzglas füllen. Die Birne mittig hineinsetzen, sodass ein Drittel der Birne noch zu sehen ist. Die gefüllten Sturzgläser auf das Gitter im heißen Ofen setzen und 35–40 Min. backen.

★ AXEL WILL'S WISSEN

Entweder ganz stylish in den Sturzgläsern servieren oder aber die Küchlein halbieren und mit der sichtbaren Birnenschnittkante auf den Teller setzen. Sieht superköstlich aus und ist obendrein wahnsinnig gesund: Birnen sind nämlich besonders reich an Mineralstoffen, Vitamin C, Folsäure … Sogar mit Kakao! Denn tatsächlich enthält dieser einige Stoffe, die uns glücklich machen. Also: Her mit der »geilen Birne«!

Kokosnusskuchen

Für 4 Portionen

ZUTATEN:

2 Kokosnüsse

Teig
130 g Ei
130 g Butter (nicht zu hart)
160 g Zucker
1 g Salz
40 g Kokosblütenzucker
160 g Weizenmehl (Type 405)
5 g Backpulver
25 g Kokoswasser
50 g Kokosfruchtfleisch

Topping (nach Belieben)
100 g Aprikosenkonfitüre
Kokosfruchtfleisch

Die Kokosnüsse ca. 10 Min. in kaltes Wasser legen. So lassen sie sich einfacher knacken.

Eine Kokosnuss in die Hand nehmen und mithilfe eines Messerrückens (großes, schweres Küchenmesser) so lange mittig entlang der Äquatorlinie der Kokosnuss klopfen, bis man sie mit der Hand auseinanderbrechen kann.

Das Kokoswasser in einer Schüssel auffangen, das Fruchtfleisch mit einem Küchenmesser von der inneren Schale lösen und in eine andere Schüssel geben. Mit der zweiten Kokosnuss genauso verfahren. Die leeren Schalenhälften aufheben.

➻ **Teig** Die Eier in einem Becher aufschlagen, dabei nicht verquirlen.
Butter, Zucker, Salz und Kokosblütenzucker mit dem Rührbesen der Küchenmaschine schaumig schlagen und für mehr Volumen einen Schluck Eiweiß aus dem Becher dazugeben.
Inzwischen den Backofen mit Backgitter (unten) auf 180 °C Umluft vorheizen.
Mehl und Backpulver fein sieben. Zusammen mit dem Kokoswasser und dem restlichen Ei zu der Butter-Zucker-Mischung geben und alles zu einer homogenen Masse verrühren.
Das Kokosfruchtfleisch fein über den Teig reiben und unterheben.

➻ **Back ma's** Den Teig auf die 4 halben Kokosnussschalen verteilen (à ca. 175 g), diese auf das Gitter im heißen Ofen setzen und 35–40 Min. backen. (Damit die Kokosnüsse nicht im Ofen herumkullern, sie am besten in kleine Gläschen oder Muffinformen setzen).
Wer mag, kann den fertig gebackenen Kokosnussteig mit Aprikosenkonfitüre bestreichen und frisches Kokosfruchtfleisch darüberraspeln. Äußerst lecker!

Brot ohne Mehl und Hefe

Für 2 Brote (à ca. 500 g)

ZUTATEN:

- 115 g Kürbiskerne
- 115 g gepuffter Dinkel
- 115 g Dinkelflocken
- 50 g Sonnenblumenkerne
- 50 g Chiasamen
- 50 g Haferflocken
- 50 g Leinsamen
- 45 g gemahlene Flohsamenschalen
- 15 g Salz
- 500 g Wasser
- 20 g Honig
- 50 g Pflanzenöl

Außerdem

- 2 Kastenformen (à 15-17 cm Länge)

Alle trockenen Zutaten mit einem Löffel in einer großen Schüssel verrühren, bis alles gut vermischt ist. (Wichtig: Zuerst die trockenen Zutaten vermischen, da die Flohsamenschalen wie Kleber reagieren, sobald sie Feuchtigkeit gezogen haben.)

Wasser, Honig und Öl zugeben und mit den Händen gründlich verkneten.

Den Teig abdecken und ca. 1 Std. bei Zimmertemperatur quellen lassen.

Gegen Ende der Quellzeit den Backofen mit Pizzastein (Mitte) auf 180 °C Umluft vorheizen. Die Kastenformen leicht mit Öl ausstreichen.

Den Teig mit nassen Händen zu 2 kompakten Kugeln formen, diese fest in die jeweilige Backform drücken. (Es sollten keine Luftlöcher entstehen!)

Die beiden Backformen direkt auf den Pizzastein im heißen Ofen setzen und ca. 40 Min. backen. Guten Appetit!

⋆ AXELS KNOW-HOW

Bei guter Lagerung hält sich das mehl- und hefefreie Brot mindestens zwei Wochen. Und genauso lang schmeckt es auch frisch.

Moglerspieße »Sweet and Spicy«

Für 4 Spieße

ZUTATEN:

Teig

360 g Weizenmehl (Type 405 o. 550)
30 g + 100 g Butter (nicht zu hart)
8 g Salz
5 g frische Hefe
5 g Zucker
200 g Milch (3,5% Fett)
abgeriebene Schale von 1 Bio-Zitrone
Mark von 1 Vanilleschote

Belag

60 g Speisequark (40% Fett i. Tr.)
5 g Chiliflocken
10 g Olivenöl
Salz, Pfeffer
20 grüne Weintrauben

Außerdem

4 Holzspieße

➳ **Teig** Alle Zutaten für den Teig – bis auf 100 g Butter – mit dem Knethaken der Küchenmaschine in 4 Min. auf niedriger und weiteren 4 Min. auf hoher Stufe zu einem geschmeidigen Teig verkneten. Den Teig auf einer bemehlten Arbeitsfläche zu einer Kugel formen, mit Frischhaltefolie abdecken und 30 Min. im Kühlschrank reifen lassen.
Die übrigen 100 g Butter auf ein Backpapier legen und von allen Seiten bemehlen. Die bemehlte Butter mit Backpapier abdecken und mit der Hand so lange auf die Butter drücken, bis man sie zu einem 1 cm dünnen und ca. 15 cm großen Quadrat ausrollen kann. Die Butter in Frischhaltefolie wickeln und ca. 30 Min. in den Kühlschrank legen.
Nach der Reifezeit den Teig aus dem Kühlschrank nehmen und auf eine bemehlte Arbeitsfläche geben. Zu einem 15 x 30 cm großen Rechteck ausrollen und das inzwischen fest gewordene Butterquadrat mittig daraufsetzen. Den nicht belegten Teig gleichmäßig über die ausgerollte Butter falten, sodass sie ganz verdeckt ist. Das Teigpäckchen zu einem 20 x 30 cm großen Rechteck ausrollen.
Nun zuerst die beiden äußeren Teigviertel zur Mitte hin einklappen, dann die rechte Teighälfte über die linke Teighälfte klappen (siehe QR-Code unten). Den Teig mit Frischhaltefolie abdecken und 1–2 Std. im Kühlschrank ruhen lassen.

➳ **Back ma's** Quark, Chiliflocken und Öl in einer Schüssel verrühren, mit Salz und Pfeffer abschmecken. Den Backofen auf 210 °C Umluft vorheizen und ein Backblech mit Backpapier belegen.
Den Teig auf der bemehlten Arbeitsfläche gleichmäßig zu einem 1 cm dünnen und ca. 20 cm großen Quadrat ausrollen. (Wichtig: Nicht drücken!) Mit der Quarkmasse bestreichen und einem angefeuchteten Messer in 5 cm große Quadrate schneiden. Auf jeden Spieß abwechselnd Teig-Quark-Quadrate und Trauben stecken. Die fertigen Spieße vorsichtig auf das Backpapier legen.
Die Spieße mit dem Backblech in den heißen Ofen (Mitte) schieben und 15–20 Min. backen.

Currywurst-Stangen

Für ca. 10 Stück

ZUTATEN:

Kochstück
150 g Wasser
45 g Dinkelmehl (Type 630)

Hauptteig
400 g Dinkelmehl (Type 630)
15 g Salz
10 g Hefe
15 g Pflanzenöl
6 g Currypulver
80 g Curryketchup
100 g Wasser
195 g Kochstück

Füllung
250 g Bockwurst

Topping
Sesamsaat (nach Belieben)

➸ **Kochstück** Das Wasser in einem Topf zum Kochen bringen und das Mehl unter ständigem Rühren dazugeben. Sobald sich die Masse zu einem homogenen Teig verbunden hat, den Topf vom Herd nehmen und das Kochstück auf Zimmertemperatur abkühlen lassen.

➸ **Hauptteig** Alle Zutaten für den Hauptteig mit dem Knethaken der Küchenmaschine in 4 Min. auf niedriger und weiteren 4 Min. auf hoher Stufe zu einem geschmeidigen Teig verkneten.
Die Bockwürste in Würfel schneiden, vorsichtig zum Teig geben und wenige Sekunden auf niedriger Stufe unterkneten.
Den Teig in eine mit Öl ausgestrichene Frischhaltedose legen, diese leicht verschließen und 1 Std. in den Kühlschrank stellen.

➸ **Back ma's** Gegen Ende der Ruhezeit den Backofen mit Pizzastein (Mitte) auf 250 °C Ober-/Unterhitze vorheizen.
Den gereiften Teig langsam auf eine bemehlte Arbeitsfläche gleiten lassen, in 10 gleich große Streifen teilen und vorsichtig auf ein Backpapier setzen. Mit Mehl bestäuben oder mit Sesamsaat bestreuen.
Die Wurststangen mit dem Backpapier auf den Pizzastein im heißen Ofen schieben, 50 g warmes Wasser auf den Boden des Backofens gießen und in 15–20 Min. goldgelb backen. Und dann mit einem Bier genießen – unschlagbar!

AXEL SCHMITT
Brotsommelier

AXEL SCHMITT
Brotsommelier

Einhorn-Stockbrot im Ofenrohr

Für 10 Brote

ZUTATEN:

Vorteig
250 g Weizenmehl (Type 550)
200 g Rote-Bete-Saft
5 g frische Hefe

Hauptteig
450 g Vorteig
250 g Weizenmehl (Type 405)
60 g Milch (3,5 % Fett)
50 g Ei
5 g frische Hefe
100 g Butter
80 g Zucker
10 g Salz

Füllung
100–200 g Schokodrops

Topping (nach Belieben)
weiße Kuvertüre, Zuckerperlen, -streusel etc.

Außerdem
10 Holzstöcke (z. B. Hasel, Buche o. Weide; ohne Rinde)

➻ **Vorteig** Alle Zutaten für den Vorteig mit dem Knethaken der Küchenmaschine in 5 Min. auf mittlerer Stufe zu einem geschmeidigen Teig verkneten. Den Teig abdecken und 6–24 Std. im Kühlschrank reifen lassen.

➻ **Hauptteig** Alle Zutaten für den Hauptteig mit dem Knethaken der Küchenmaschine in 4 Min. auf niedriger und weiteren 4 Min. auf mittlerer Stufe zu einem geschmeidigen Teig verkneten. Den Teig in eine mit Öl ausgestrichene Frischhaltedose legen, diese leicht verschließen und 1–20 Std. in den Kühlschrank stellen.
Den Teig auf eine bemehlte Arbeitsfläche gleiten lassen und in 10 Portionen à 80–100 g teilen.
Auf jedes Teigstück 10–20 g Schokodrops legen. Den Teig über der Füllung zusammenschlagen, oben und an den Enden fest zusammendrücken, damit die Füllung umschlossen ist und nicht herausläuft.

➻ **Back ma's** Inzwischen den Backofen auf 250 °C Oberhitze vorheizen.
Jedes Teigstück auf der bemehlten Arbeitsfläche zu einem langen Strang rollen und eng um einen Holzstock wickeln. Die Enden dabei gut andrücken.
Das Stockbrot im heißen Ofen in 5–8 Min. goldbraun backen, herausnehmen und abkühlen lassen. (Das funktioniert am besten, wenn sich alle mit ihrem Stockbrot vor den offenen heißen Ofen setzen.)
Nach Belieben kann das Stockbrot nach dem Backen mit weißer Kuvertüre, Zuckerperlen, -streusel und/oder Glitzerschnee dekoriert werden.

Apfelgranate

Für 4 Stück

ZUTATEN:

4 Äpfel

Teig
225 g Weizenmehl (Type 550)
25 g Honig
20 g Butter
5 g frische Hefe
4 g Salz
25 g Ei
100 g Milch (3,5 % Fett)
abgeriebene Schale von 1 Bio-Limette

Füllung
20 g Butter
50 g Zucker
5 g Honig
Saft von 2 Bio-Limetten

Topping
1 verquirltes Ei zum Bestreichen
50 g Sahne

➻ **Teig** Alle Zutaten für den Teig mit dem Knethaken der Küchenmaschine in 4 Min. auf niedriger und weiteren 4 Min. auf hoher Stufe zu einem geschmeidigen Teig verkneten.
Den Teig in 5 gleich große Stücke schneiden und daraus jeweils 1 Kugel schleifen (siehe S. 33). Mit Frischhaltefolie abdecken und ca. 30 Min. auf der bemehlten Arbeitsfläche reifen lassen. Inzwischen die Äpfel gut waschen, trocken reiben und rund um den Stielansatz einen Deckel abschneiden. Die Äpfel mit einem Eisportionierer aushöhlen, dabei einen 1 cm dicken Rand stehen lassen. Das herausgeschälte Fruchtfleisch vom Kerngehäuse befreien, klein würfeln.

➻ **Füllung** Die Butter in einer beschichteten Pfanne zerlassen, unter ständigem Rühren den Zucker dazugeben, bis eine bräunliche Masse entsteht. Die Apfelwürfel untermengen, kurz durchschwenken und mit Honig sowie Limettensaft ablöschen.
Die Butter-Apfel-Honig-Masse in ein Abtropfsieb geben, die aufgefangene Flüssigkeit (Sud) aufheben und alles abkühlen lassen.

➻ **Back ma's** Inzwischen den Backofen auf 190 °C Umluft vorheizen und ein Backblech mit Backpapier belegen.
Nach der Reifephase jede Teigkugel auf der bemehlten Arbeitsfläche kreisrund (ca. 18 cm Durchmesser) ausrollen, sodass sie einen Apfel umschließen kann. Die ausgehöhlten Äpfel mittig auf die Teigböden setzen und den Teig jeweils mit einem scharfen Messer in 12 strahlenförmige Streifen schneiden.
Die Teigstreifen nacheinander einzeln von außen über den oberen Apfelrand nach innen falten und festdrücken. Den Teigpfropfen, der sich nach dem Einschlagen im ausgehölten Apfel gebildet hat, mit einem Messer herausschneiden und die Füllung in die Äpfel geben.
Die Granaten mit dem verquirlten Ei bestreichen und mit dem Backblech in den heißen Ofen (Mitte) schieben und ca. 20 Min. backen.
Inzwischen den aufgefangenen Sud mit Sahne in einer Pfanne aufkochen und reduzieren (die Sauce sollte dickflüssig sein).
Die Apfelgranaten aus dem Ofen nehmen, mit der Butter-Apfel-Honig-Masse füllen und mit der Sahnereduktion beträufeln. Lecker!

Kräuterring

Für 1 Brot (ca. 26 cm Durchmesser)

ZUTATEN:

Teig

800 g Weizenmehl (Type 550)
400 g Wasser
100 g dunkles Kellerbier o. Wasser
10 g frische Hefe
16 g Salz
5–10 g getrocknete Kräuter der Provence

Ummantelung

75 g Butter
3–4 Knoblauchzehen
150–200 g geriebener Gouda

Außerdem

Frankfurter-Kranz-Form (26 cm Durchmesser)

➻ **Teig** Alle Zutaten für den Teig mit dem Knethaken der Küchenmaschine in 4 Min. auf niedriger und weiteren 4–8 Min. auf hoher Stufe zu einem geschmeidigen Teig verkneten.
Den Teig in eine mit Öl ausgestrichene Frischhaltedose geben, diese leicht verschließen und den Teig 1 Std. bei Zimmertemperatur reifen lassen. Nach 30 Min. den Teig – am besten in der Frischhaltedose – einmal stretchen und falten (siehe S. 31) und weitere 30 Min. verschlossen reifen lassen.
Die Butter in einem Topf zerlassen. Den Knoblauch schälen, fein hacken und in der heißen Butter anbraten. Vom Herd nehmen und abkühlen lassen.
Nach der Reifezeit den Teig auf eine bemehlte Arbeitsfläche gleiten lassen und zu einem ca. 40 cm langen, gleichmäßigen Strang rollen. Diesen mit einem scharfen Messer in 10–12 gleich große Stücke schneiden.
Die Teigstücke von allen Seiten durch die etwas abgekühlte Knoblauchbutter ziehen, dann im geriebenen Käse wälzen und nebeneinander in die Backform schichten.
Den Kräuterteigring abdecken und ca. 1 Std. bei Zimmertemperatur oder 6–8 Std. im Kühlschrank reifen lassen.

➻ **Back ma's** Gegen Ende der Reifezeit den Backofen auf 220 °C Ober-/Unterhitze vorheizen.
Die Kuchenform auf das Backblech (unten) in den heißen Ofen setzen, 50 g warmes Wasser auf den Boden des Backofens gießen und nach den ersten 10 Min. Backzeit die Temperatur auf 190 °C reduzieren. In weiteren 30–45 Min. knusprig backen.

⋆ AXELS BACKGEHEIMNIS

Bei den mediterranen Gebäcken sollte der Teig nicht zu fest, sondern schön weich sein – also bitte kein zusätzliches Mehl dazugeben! Das leckere Kräuter-Knoblauch-Brot eignet sich wunderbar als Gastgeschenk und darf bei keiner Grillparty fehlen!

Drei-Gänge-Stängle

Für 6 Stück (à ca. 100 g)

ZUTATEN:

Teig

- 350 g Weizenmehl (Type 405 o. 550)
- 200 g Wasser
- 8 g frische Hefe
- 8 g Salz
- 22 g Olivenöl

Füllung

- 6 Nürnberger Rostbratwürste
- Pflanzenöl
- 2 Stangen weißer Spargel, geschält
- 50 g Sauce hollandaise
- 100 g Sauerkraut
- 100 g Vollmilchschokolade

➳ **Teig** Alle Zutaten für den Teig mit dem Knethaken der Küchenmaschine in 4 Min. auf niedriger und weiteren 6 Min. auf hoher Stufe zu einem geschmeidigen Teig verkneten.
Den Teig in eine leicht mit Olivenöl ausgestrichene Frischhaltedose legen, diese verschließen und 8–10 Stunden in den Kühlschrank stellen.
Gegen Ende der Reifezeit die Nürnberger Rostbratwürste in einer Pfanne in Öl anbraten.
Den gereiften Teig vorsichtig auf die bemehlte Arbeitsfläche gleiten lassen und in 6 gleich große Rechtecke à ca. 100 g teilen. Den Teig vorsichtig flach drücken und in ca. 20 cm lange Rechtecke ziehen.

➳ **Back ma's** Die Spargelstangen dritteln, jeweils ein Drittel vorn mittig auf 1 Teigling setzen und 1 Klecks Sauce hollandaise darauf verteilen. 1 Bratwurst genau anschließen lassen und etwas Sauerkraut daraufgeben. Auf das letzte Drittel des Teigs die Schokostücke geben.
Den Teig über der Füllung zusammenschlagen und -drücken, damit die Füllung nicht herausläuft. Mit den übrigen Teigstücken ebenso verfahren.
Ein Backblech mit Backpapier belegen und die Stängle mit dem Schluss nach unten auf das Backpapier setzen. Mit Frischhaltefolie abgedeckt ca. 30 Min. reifen lassen.
Gegen Ende der Reifezeit den Backofen auf 240 °C Ober-/Unterhitze vorheizen.
Die Teigstücke mit dem Backblech in den heißen Ofen schieben (Mitte), 50 g warmes Wasser auf den Boden des Backofens gießen und die Stangen in 15–18 Min. knackig goldbraun backen.

★ **AXELS SPECIAL**

Mehr braucht es nicht zum Abendessen! In einem Stängle befindet sich ein ganzes Menü: Von der Vorspeise über den Hauptgang bis hin zum Dessert – alles ist abgedeckt. Und Tischdecken wird überflüssig!

Doubleburner

Für 1 Backblech

ZUTATEN:

Teig

230 g Dinkelmehl (Type 630)
25 g Pflanzenöl
5 g Salz
130 g Wasser
2 g Kurkumapulver (nach Belieben)

Topping

100 g Butter
Chilipulver (nach Belieben)

Außerdem

1 Ofenkäse (in der Spanschachtel; ca. 180 g)

➻ Teig Alle Zutaten für den Teig mit dem Knethaken der Küchenmaschine in 4 Min. auf niedriger und weiteren 6 Min. auf hoher Stufe zu einem geschmeidigen Teig verkneten.
Den Teig auf einer bemehlten Arbeitsfläche zu 5 Kugeln à 75 g schleifen (siehe S. 33). Die Teigkugeln mit Frischhaltefolie abdecken und auf der Arbeitsfläche 15–30 Min. reifen lassen.
Inzwischen die Butter in einem Topf zerlassen und ein Backblech mit Backpapier belegen.
Die Teigkugeln auf der bemehlten Arbeitsfläche jeweils kreisrund (ca. 30 cm Durchmesser) und hauchdünn ausrollen.
1 Teigboden mittig auf das Backpapier setzen. Mit der geschmolzenen Butter bestreichen und nach Belieben Chilipulver darüberstreuen.
Den nächsten Teigkreis daraufsetzen, bestreichen und nach Belieben mit Chilipulver bestreuen. Den Vorgang insgesamt 4-mal wiederholen. (Die letzte Teigschicht nicht bestreichen, außer, es ist noch Butter übrig.)

➻ Back ma's Den Backofen auf 230 °C Umluft vorheizen.
Den Deckel des Ofenkäses als Form benutzen und damit in der Mitte des Teigs ein Loch ausstechen. Den Ofenkäse in der Spanschachtel in die Vertiefung setzen.
Den 5-fach geschichteten Teig mit einem scharfen Messer strahlenförmig von innen (Ofenkäse) nach außen in 16 gleich große Teile (Strahlen) schneiden. (Wer einen passenden Torteneinteiler zu Hause hat, kann stattdessen diesen benutzen.) Dabei rund um den Ofenkäse einen Teigrand von 1 cm Durchmesser stehen lassen. Danach jedes der 16 Teigstücke 2-mal eindrehen bzw. verzwirbeln.
Den Doubleburner mit dem Backblech in den heißen Ofen (Mitte) schieben, 50 g warmes Wasser auf den Boden des Backofens gießen und in ca. 15 Min. goldgelb backen.

★ AXELS TIPP
Unbedingt warm verzehren, solange der Käse noch flüssig ist!

Zero Foodwaste

MICRO
CASS. IO
FM
SW 2
SW 1
MW
LW
GRUNDIG
STEREO
SYNTHESIZER-DIRECT-TUNING
FM 87,5-108 MHz LW 150-353 kHz MW 513-1611 kHz
SW 1 3,9-10,499 MHz SW 2 10,5-22 MHz
HÖHEN/TREBLE
BALANCE
LAUTSTÄRKE/VOLUME
AUTO-TUNING/SW-BAND
SET
STORE
FREQ.
TIME
S-TIME
SUPER-STEREO
STEREO
MONO
AUT
BATT. CONTR.
CONTROLLED TUNING SYSTEM
TECHNIK
REC.

BIER

Bierretter-Brot

Für 1 Brot (ca. 750 g)

ZUTATEN:

Poolish
- 115 g Bier (keine bittere Geschmacksnote)
- 115 g Dinkelmehl (Type 630)
- 1 g frische Hefe

Quellstück
- 60 g Bier
- 25 g Leinsamen
- 25 g Dinkelflocken

Hauptteig
- 230 g Poolish
- 110 g Quellstück
- 165 g Dinkelmehl (Type 630)
- 160 g Dinkelvollkornmehl
- 5 g Apfelessig
- 180 g Wasser
- 14 g Salz
- 10 g frische Hefe

➸ **Poolish** Alle Zutaten für den Poolish mit einem Löffel in einer Schüssel verrühren, bis sich alles gut vermischt hat. Den Teig abdecken und 10–20 Std. im Kühlschrank reifen lassen. (Optimal sind 16 Std.)

➸ **Quellstück** Alle Zutaten für das Quellstück mit einem Löffel in einer Schüssel verrühren und 10–20 Std. abgedeckt im Kühlschrank quellen lassen. (Optimal sind 16 Std.)

➸ **Hauptteig** Alle Zutaten für den Hauptteig mit dem Knethaken der Küchenmaschine in 8 Min. auf niedriger und weiteren 8 Min. auf hoher Stufe zu einem geschmeidigen Teig verkneten.
Den Teig in eine mit Öl ausgestrichene Frischhaltedose legen, diese leicht verschließen und den Teig 1 Std. bei Zimmertemperatur reifen lassen. Nach ca. 30 Min. den Teig – am besten in der Frischhaltedose – einmal stretchen und falten (siehe S. 31) und weitere 30 Min. reifen lassen.

➸ **Back ma's** Gegen Ende der Reifezeit den Backofen mit Pizzastein auf 250 °C Ober-/Unterhitze (Mitte) vorheizen.
Den Teig auf eine bemehlte Arbeitsfläche geben, vorsichtig zu einem länglichen Brot formen (siehe S. 32) und auf ein Backpapier setzen. (Wichtig: Bei dem ganzen Vorgang sollten keine Luftblasen entweichen.)
Den Teigling mit dem Backpapier auf den Pizzastein in den heißen Ofen setzen, 50 g warmes Wasser auf den Boden des Backofens gießen und 40–45 Min. backen. Nach den ersten 10 Min. der Backzeit die Temperatur auf 190 °C reduzieren.

★ **AXELS SPECIAL**

Aufgrund der Coronakrise hätten Millionen Liter an Bier das Mindesthaltbarkeitsdatum überschritten und teuer entsorgt werden müssen. Wäre da nicht dieses Rezept gewesen …

Baguetteteller

Für 4 Stück

ZUTATEN:

600 g Weizenmehl (Type 550 o. T55)
15 g Salz
10 g frische Hefe
450 g Wasser

Außerdem
1–2 feuerfeste tiefe Teller

Alle Zutaten mit dem Knethaken der Küchenmaschine in 2 Min. auf niedriger und weiteren 8 Min. auf hoher Stufe zu einem geschmeidigen Teig verkneten.

Den Teig in eine leicht mit Öl ausgestrichene Frischhaltedose legen, diese verschließen und 4–24 Std. in den Kühlschrank stellen.

Gegen Ende der Reifezeit den Backofen mit Pizzastein (Mitte) und 1–2 feuerfesten tiefen Tellern (je nach Größe des Backofens) auf 250 °C Ober-/Unterhitze vorheizen.

Den Teig auf eine bemehlte Arbeitsfläche geben und in 4 Stücke à ca. 275 g teilen. Die Teigstücke mit bemehlten Händen zu jeweils 4 Kugeln wirken (siehe S. 33), mit einem Geschirrtuch abdecken und auf der Arbeitsfläche ca. 5 Min. bei Zimmertemperatur reifen lassen.

Die gereiften Teigkugeln auf der bemehlten Arbeitsfläche jeweils kreisrund (der Durchmesser orientiert sich an der Größe der Teller) ausrollen.

Einen Teller aus dem Ofen nehmen (Vorsicht: sehr heiß!) und den Teig über die Rückseite des Tellers spannen.

Nun den mit Teig bezogenen Teller mit dem Teig nach oben in den heißen Ofen geben (Mitte). In ca. 10 Min. goldgelb backen.

Den Teller aus dem Ofen nehmen, den vorgebackenen Teig vorsichtig vom Teller lösen und in weiteren ca. 5 Min. im heißen Ofen schön knusprig backen.

★ TIPP VOM BÄCKER AXEL

Perfekt fürs Picknick im Grünen – nachhaltiger geht's nicht! Außerdem: Der eigens hergestellte Essensuntersatz eignet sich auch wunderbar als Suppenteller. Dafür den Teig einfach etwas knackiger backen, dann hält er der Flüssigkeit locker stand.

Phönix-Brot

Für 1 Brot (ca. 500 g)

ZUTATEN:

Quellstück
100 g alte Brotscheiben
200 g Wasser

Hauptteig
100 g angetrocknetes Brot
Olivenöl
300 g Quellstück
150 g Weizenmehl (Type 405)
5 g Salz
10 g frische Hefe
2 g Brotgewürz
100 g Wasser

Topping
50–100 g alte Brotscheiben

Außerdem
runde Auflaufform (18 cm Durchmesser)

➻ **Quellstück** 150–200 g alte Brotscheiben mit dem Nudelholz zu Paniermehl verarbeiten, davon 100 g in eine Schüssel geben, das Wasser dazugeben und ca. 30 Min. quellen lassen. Die restlichen 50–100 g des trockenen »Brot-Paniermehls« in einer weiteren Schüssel fürs Topping beiseitestellen.

➻ **Hauptteig** Inzwischen das angetrocknete Brot würfeln und in einer beschichteten Pfanne in wenig Olivenöl zu goldgelben Croûtons braten.
Alle Zutaten – bis auf die Croûtons – mit dem Knethaken der Küchenmaschine 6 Min. bei niedriger Stufe verkneten. Gegen Ende die Croûtons dazugeben und kurz mitkneten.
Den Teig auf eine bemehlte Arbeitsfläche setzen, mit etwas Mehl zu einer Kugel formen, im Topping wälzen und in die leicht mit Öl ausgestrichene Auflaufform legen. Abgedeckt 30–60 Min. bei Zimmertemperatur reifen lassen.

➻ **Back ma's** Gegen Ende der Reifezeit den Backofen mit Pizzastein (Mitte) auf 250 °C Ober-/Unterhitze vorheizen. Die Auflaufform direkt auf den Pizzastein im heißen Ofen stellen, 50 g warmes Wasser auf den Boden des Backofens gießen und ca. 1 Std. backen. Nach den ersten 5 Min. der Backzeit die Temperatur auf 180 °C reduzieren.

AXEL SCHMITT

Brotchips süß & salzig

Für 1 Backgitter

ZUTATEN:

Herzhafte Marinade

- 50 g Olivenöl
- 2 g Salz
- 1 Knoblauchzehe, fein gewürfelt
- 5 g getrocknete Kräuter (z. B. Kräuter der Provence, Oregano, Thymian)

Süßliche Marinade

- 50 g Olivenöl
- 10 g Zucker
- 1 g Salz
- 5 g Zimt

Außerdem

4-6 alte Brötchen

Den Backofen auf 180 °C Umluft vorheizen.

➻ **Herzhafte Marinade**
Alle Zutaten gut miteinander verrühren.

➻ **Süßliche Marinade**
Alle Zutaten gut miteinander verrühren.

➻ **Back ma's** Die Brötchen in 3–4 mm dünne Scheiben schneiden und auf beiden Seiten dünn mit einer der beiden Marinaden bestreichen.
Die Brotscheiben locker nebeneinander auf das Backgitter setzen und im heißen Ofen (Mitte) in 8–12 Min. knusprig und goldgelb backen.

★ **AXELS SPECIAL**
Sollte von der Marinade etwas übrig bleiben, kann man diese noch gut bis zu zwei Wochen in einem Schraubglas im Kühlschrank aufbewahren – und sie beispielsweise als Salatsauce verwenden.

Restequiche

Für 2 Stück

ZUTATEN:

Teig
50 g Ei
200 g Butter
10 g Zucker
5 g Salz
10 g Sesamsaat
20 g Maisflocken (nach Belieben)
300 g Weizenmehl (Type 405 o. 550)

Füllung
100 g Speck
10 Cocktailtomaten
1–2 Paprika o. Peperoni
1 Zwiebel
200 g Gouda o. Emmentaler

Sauce
frische Petersilie
frischer Schnittlauch
200 g Sahne
200 g Ei
Salz, Pfeffer

Topping
50 g Gouda o. Emmentaler

Außerdem
2 Tarteförmchen (à 17 cm Durchmesser)

➸ **Teig** Ei, Butter, Zucker und Salz mit dem Knethaken der Küchenmaschine bei niedriger Stufe verrühren. Sesamsaat, Maisflocken und Weizenmehl dazugeben und kurz bei niedriger Stufe weiterkneten, bis ein homogener Teig entsteht.
Den Teig in Frischhaltefolie wickeln und mindestens 30 Min. in den Kühlschrank legen. (Am besten über Nacht: Je kühler der Teig, desto einfacher lässt er sich weiterverarbeiten.)
Den Teig auf einer bemehlten Arbeitsfläche ca. 3 mm dünn ausrollen. 2 Kreise (Durchmesser wie die Förmchen, plus Rand) ausstechen und jeden in ein Tarteförmchen drücken.

➸ **Füllung** Den Speck würfeln, Cocktailtomaten, Paprika oder Peperoni und Zwiebel klein schneiden. Den Käse für Füllung und Topping fein reiben.

➸ **Sauce** Petersilie und Schnittlauch fein hacken. Mit den restlichen Zutaten in einer Schüssel mit dem Schneebesen verrühren. Mit Salz und Pfeffer würzen. (Vorsicht: Nur wenig Salz verwenden, da sowohl Speck als auch Käse sehr aromatisch sind.)

➸ **Back ma's** Den Backofen auf 190 °C Umluft vorheizen. Speck, Cocktailtomaten, Paprika oder Peperoni, Zwiebeln und 200 g Gouda oder Emmentaler auf den Teig in den beiden Tarteförmchen verteilen. Mit der Sauce übergießen und den übrigen Käse darüberstreuen.
Die Förmchen auf ein Backblech setzen und 30–35 Min. im heißen Ofen (Mitte) backen, bis die Tartes leicht braun sind. Um zu prüfen, ob die Quiche fertig ist, macht man am besten den Messertest: Zum Ende der Backzeit mit einem Messer mittig in die Füllung stechen – sammelt sich Flüssigkeit in der Einstichstelle, ist die Quiche noch nicht ganz durch und muss noch ein paar Minuten weiterbacken.

Reinkarnationsecken

Für 12 Stück (à ca. 150 g)

ZUTATEN:

Teig
500 g Dinkelmehl (Type 630)
15 g Backpulver
8 g Salz
10 g Pizzagewürz
Chiliflocken (nach Belieben)
130 g kalte Butterwürfel (ca. 1 cm)

Füllung
100 g Salami
100 g Gouda o. Emmentaler
3 Frühlingszwiebeln
50 g Ei
230 g Buttermilch, Milch o. Sahne
Pfeffer

Topping
60–80 g Gouda o. Emmentaler

➳ **Teig** Mehl, Backpulver, Salz, Pizzagewürz und Chiliflocken mit der Hand in einer Schüssel vermengen. Die Butterwürfel dazugeben und locker mit den Händen verkneten. (Wichtig: Es sollen kleine »Butternester/Streusel« entstehen.) Den Backofen auf 200 °C Umluft vorheizen und ein Backblech mit Backpapier belegen.

➳ **Füllung** Die Salami würfeln, den Käse für Füllung und Topping fein reiben und die Frühlingszwiebeln klein schneiden.
Salamiwürfel, 100 g Käse, Frühlingszwiebeln, Ei und Buttermilch bzw. Milch oder Sahne zum Mehl geben. Mit Pfeffer würzen. Alle Zutaten mit den Händen zu einem lockeren Teig verkneten. (Wichtig: Nicht zu lang kneten! Es soll kein homogener, sondern ein flockiger und stückiger Teig entstehen.)

➳ **Back ma's** Den Teig auf einer bemehlten Arbeitsfläche in 2 gleich große Stücke teilen und jedes Teigstück zu einer Kugel formen.
Die Kugeln mit Mehl bestäuben, jede zu einer kreisrunden, 3–4 cm dicken Scheibe flach drücken und diese mit einem scharfen Messer in 6 Stücke schneiden.
Die Teigecken auf das Backpapier setzen. Die Oberfläche der Teigecken anfeuchten und mit dem restlichen Käse bestreuen. Das Backblech in den heißen Ofen (Mitte) schieben, 50 g warmes Wasser auf den Boden des Backofens gießen und 25–30 Min. backen. Extrem lecker – schmeckt wie kleine Pizzastücke!

★ **AXEL WILL'S WISSEN**
Zum Wiederauferstehen anderer Kühlschrankleichen können Käse, Salami und Frühlingszwiebeln in diesem Rezept ausgetauscht werden – allerdings sollten die Gewichtsangaben beibehalten werden!

Backen in Wacken – Lieblingsrezepte, die rocken

WACKEN
ESTD. 1990

Private-Label-Brot

Für 1 Brot (ca. 1750 g)

ZUTATEN:

600 g Roggenmehl (Type 1150)
250 g Dinkelmehl (Type 630)
15 g frische Hefe
350 g Roggensauerteig (siehe S. 23)
20 g Salz
700 g lauwarmes Wasser
2 g Brotgewürz (nach Belieben)

Außerdem

Backschablone (nach Wahl)
Roggenmehl

Alle Zutaten mit dem Knethaken der Küchenmaschine 10 Min. auf niedriger Stufe verkneten.

Den Teig abdecken und 15 Min. bei Zimmertemperatur reifen lassen.

Den gereiften Teig auf eine bemehlte Arbeitsfläche geben, zu einer Kugel wirken (siehe S. 33) und mit dem Schluss nach unten auf ein Backpapier setzen. Die Teigkugel nur leicht andrücken, mit einem Geschirrtuch bedecken und 50–60 Min. reifen lassen.

Gegen Ende der Reifezeit den Backofen mit Pizzastein (Mitte) auf 250 °C Ober-/Unterhitze vorheizen.

Den Teigling leicht befeuchten, die Backschablone auflegen und mit Mehl besieben. Die Schablone vorsichtig entfernen

Das Private-Label-Brot mit dem Backpapier auf den Pizzastein im heißen Ofen setzen, 50 g warmes Wasser auf den Boden des Backofens gießen und in 80–100 Min. knackig backen. Nach den ersten 5 Min. der Backzeit die Backofentür kurz öffnen und die Feuchtigkeit entweichen lassen. Nach weiteren 5 Min. die Temperatur auf 180 °C reduzieren.

⋆ AXELS WISSENSBOX

Wer auch gern ein Brot mit einem eigenen Logo oder Schriftzug hätte, kann sich ein Beispiel an den Broten der Bands in Wacken nehmen (siehe Seite 164).

Wacken-rocks-Wecken

Für 10 Stück (à ca. 80 g)

ZUTATEN:

Quellstück

30 g Erdnussflips
30 g Kartoffelchips
330 g Bier

Teig

390 g Quellstück
400 g Weizenmehl (Type 550)
20 g Honig
15 g Salz
10 g frische Hefe

Panade

100 g Kartoffelchips

Außerdem

10 Nürnberger Rostbratwürste

➸ **Quellstück** Alle Zutaten für das Quellstück in einer Schüssel verrühren und abgedeckt 30 Min. quellen lassen.

➸ **Teig** Alle Zutaten für den Teig mit dem Knethaken der Küchenmaschine in 4 Min. auf niedriger und weiteren 4 Min. auf hoher Stufe zu einem geschmeidigen Teig verkneten. Den Teig auf eine bemehlte Arbeitsfläche geben, in 10 Stücke à ca. 80 g teilen und zur Kugel schleifen (siehe S. 33). Auf der bemehlten Arbeitsfläche mit einem Geschirrtuch abdecken und 10 Min. reifen lassen.
Die gereiften Teigkugeln auf der bemehlten Arbeitsfläche jeweils kreisrund (die Größe orientiert sich an der Länge der Bratwürste) flach drücken.

➸ **Back ma's** Den Backofen auf 250 °C Ober-/Unterhitze vorheizen und ein Backblech mit Backpapier belegen. Die Nürnberger Rostbratwürste auf dem Grill (oder in einer Pfanne in etwas Öl) goldgelb braten.
Auf jeden Teigling mittig 1 Bratwurst legen und alles mit etwas Bier oder Wasser befeuchten. Nun den Teig über der Bratwurst zusammenschlagen, oben und an den Enden fest zusammendrücken, sodass die Bratwurst fest vom Teig umschlossen ist.
Für die Panade die Kartoffelchips in eine Schüssel geben und mit der Hand zerbröseln.
Die Teiglinge mit dem Schluss nach unten auf die Arbeitsfläche setzen, mit etwas Bier oder Wasser befeuchten und in den Kartoffelchips wälzen.
Die Oberseite der panierten Brötchen mit einem scharfen Messer je zweimal schräg einschneiden und diese auf das Backblech setzen.
Das Backblech in den heißen Ofen schieben, 50 g warmes Wasser auf den Boden des Backofens gießen und die Brötchen in 10–15 Min. knackig goldbraun backen. Fertig – so schnell kann's gehen!

AXEL SCHMITT
W:O:A
ESTD. 1990

Dixxxies

Für 12 Stück (à ca. 45 g)

ZUTATEN:

- 150 g Butter
- 90 g Puderzucker
- 10 g Kuchenzucker (siehe S. 22)
- 25 g Kakaopulver
- 50 g Milch (3,5 % Fett)
- 210 g Weizenmehl (Type 405)

Außerdem

Spritzbeutel mit Lochtülle (8–10 mm Durchmesser)

Butter, Puder- und Kuchenzucker mit dem Rührbesen der Küchenmaschine schaumig schlagen.

Kakaopulver und Milch mit dem Schneebesen in einer Schüssel vermengen und zu der Butter-Zucker-Masse geben. Alles mit dem Rührbesen der Küchenmaschine verrühren und zuletzt das Mehl auf niedriger Stufe unterrühren.

Den Backofen auf 180 °C Umluft vorheizen und ein Backblech mit Backpapier belegen.

Den Teig in den Spritzbeutel füllen und 12 Häufchen, 3 Reihen à 4 Häufchen, auf das Backpapier spritzen.

Das Backblech in den heißen Ofen (Mitte) schieben und die Dixxxies in 10–14 Min. fertig backen.

★ **AXELS SPECIAL**

Die Dixxxies lieber etwas höher auf das Backblech spritzen – breit wird der Teig beim Backen von ganz allein. UND: Wer die Augen auf den Dixxxies gern selbst machen möchte, erfährt hier (siehe QR-Code unten), wie das geht.

MAMBO KURT
clawfinger

AXEL SCHMITT
W:O:A
ESTD. 1990

METAL BAKER

ESTD. 1990
Axel
Schmitt
W:O:A
ESTD. 1990
Axel Schmitt

W:O:A
ESTD. 1990

Evil Eye

Für 8 Stück

ZUTATEN:

Teig

330 g Bier
480 g Weizenmehl (Type 405 o. 550)
10 g Sepiatinte
15 g Salz
10 g frische Hefe
15 g Backmalz
Tabasco, Chiliflocken (nach Belieben)

Füllung

24 Ravioli (aus der Dose)
Chilisauce (nach Belieben)

Außerdem

8 Muffinformen

➸ **Teig** Alle Zutaten für den Teig mit dem Knethaken der Küchenmaschine in 4 Min. auf niedriger und weiteren 4 Min. auf hoher Stufe zu einem geschmeidigen Teig verkneten.
Den Teig auf eine bemehlte Arbeitsfläche geben, in 8 gleich große Stücke à ca. 100 g teilen und jedes Stück zu einer Kugel schleifen (siehe S. 33). Die Teigkugeln auf der Arbeitsfläche mit einem Geschirrtuch abdecken und 10–15 Min. reifen lassen.
Die gereiften Teigstücke flach drücken (ca. 15 cm Durchmesser) und jedes mittig mit 3 Ravioli belegen. Nach Belieben mit Chilisauce würzen.
Zwei sich gegenüberliegende Teigenden in der Mitte übereinanderlegen – mit den anderen Teigenden ebenso verfahren, bis eine Kugel entstanden und die Füllung komplett umschlossen ist.
Die Teigkugeln mit dem Schluss nach unten in die leicht mit Öl ausgestrichenen Muffinformen geben. Mit einem Geschirrtuch abdecken und ca. 1 Std. bei Zimmertemperatur reifen lassen.

➸ **Back ma's** Gegen Ende der Reifezeit den Backofen auf 250 °C Ober-/Unterhitze vorheizen.
Die Muffinformen in den heißen Ofen (Mitte) setzen, 50 g warmes Wasser auf den Boden des Backofens gießen und die Muffins ca. 20 Min. backen. Mhmm, sehr lecker und optisch mal was anderes!

Band-Lieblingsbrot »Hämatom«

Für 1 Brot (ca. 1200 g)

ZUTATEN:

Poolish

60 g Wasser
60 g Weizenmehl (Type 550)
1 g frische Hefe

Hauptteig

120 g Poolish
500 g Weizenmehl (Type 550)
100 g Weizenvollkornmehl
12 g Salz
40 g Brot-Paniermehl (siehe S. 146)
8 g frische Hefe
340 g + 100 g Wasser

Außerdem

länglicher Gärkorb

➳ **Poolish** Die Zutaten für den Poolish mit einem Löffel in einer Schüssel gründlich verrühren. Den Teig abdecken und 10–15 Std. im Kühlschrank reifen lassen.

➳ **Hauptteig** Alle Zutaten für den Hauptteig – bis auf 100 g Wasser – mit dem Knethaken der Küchenmaschine in 8 Min. auf niedriger und weiteren 3 Min. auf hoher Stufe zu einem geschmeidigen Teig verkneten. Den Teig 5 Min. auf hoher Stufe weiterkneten und die übrigen 100 g Wasser nach und nach dazugeben.
Den Teig in eine mit Öl ausgestrichene Frischhaltedose legen, leicht verschließen und ca. 2 Std. bei Zimmertemperatur reifen lassen. Nach 1 Std. den Teig – am besten in der Frischhaltedose – einmal stretchen und falten (siehe S. 31) und 1 weitere Std. reifen lassen.
Den gereiften Teig auf eine bemehlte Arbeitsfläche geben und zu einem länglichen Brot formen (siehe S. 32). Das Gärkorbinnere mit Mehl bestäuben, den Teigling hineinsetzen und abgedeckt 8–16 Std. im Kühlschrank reifen lassen. (Wichtig: Die Gare ab und an kontrollieren.)

➳ **Back ma's** Gegen Ende der Reifezeit den Backofen mit Pizzastein auf 250 °C Ober-/Unterhitze (Mitte) vorheizen.
Den Teig vorsichtig auf ein Backpapier stürzen und die obere Seite des Teiglings mit einem scharfen Messer einmal längs mittig einschneiden.
Das Brot mit dem Backpapier auf den Pizzastein im heißen Ofen setzen, 50 g warmes Wasser auf den Boden des Backofens gießen und das Brot in ca. 45 Min. fertig backen. Nach den ersten 15 Min. Backzeit die Temperatur auf 200 °C reduzieren.

HÄMATOM DIE LIEBE IST TOT
HÄMATOM

Direkt vom Index: verboten gute Backwerke

Sexy Brot

Für 1 Brot (ca. 750 g)

ZUTATEN:

Poolish

125 g Blaue-Klitorie-Tee
125 g Dinkelmehl (Type 630)
1 g frische Hefe

Hauptteig

250 g Poolish
325 g Weizenmehl (Type 550)
5 g Essig
8 g Hefe
10 g Salz
40 g Kürbiskerne
3 g Brennnesselsamen
1 g Ginsengpulver
175 g Blaue-Klitorie-Tee

Außerdem

Gärkorb

➸ **Poolish** 300 g Blaue-Klitorie-Tee nach Packungsanweisung zubereiten. 175 g davon für den nächsten Tag beiseitestellen und 125 g Tee auf Zimmertemperatur abkühlen lassen.
Dann alle Zutaten für den Poolish mit einem Löffel in einer Schüssel gründlich verrühren. Den Teig abdecken und ca. 16 Std. im Kühlschrank reifen lassen.

➸ **Hauptteig** Alle Zutaten für den Hauptteig mit dem Knethaken der Küchenmaschine in 4 Min. auf niedriger und weiteren 8 Min. auf hoher Stufe zu einem geschmeidigen Teig verkneten.
Den Teig in eine dünn mit Öl ausgestrichene Frischhaltedose geben, diese leicht verschließen und den Teig 1 Std. bei Zimmertemperatur reifen lassen. Nach 30 Min. den Teig – am besten in der Frischhaltedose – einmal stretchen und falten (siehe S. 31) und weitere 30 Min. verschlossen ruhen lassen.
Den Teig auf eine leicht bemehlte Arbeitsfläche gleiten lassen und zu einem länglichen Brot formen (siehe S. 32).
Den Gärkorb mit Mehl bestäuben, den Brotteig mit dem Schluss nach oben hineingeben. Mit einem Geschirrtuch abgedeckt bei Zimmertemperatur ca. 1 Std. (im Kühlschrank 6–8 Std.) gären lassen.

➸ **Back ma's** Gegen Ende der Gärzeit den Backofen mit Pizzastein auf 250 °C Ober-/Unterhitze (Mitte) vorheizen.
Den Teigling vorsichtig aus dem Gärkorb auf das Backpapier stürzen. Die Oberseite des Brotes mit einem scharfen Messer der Länge nach mittig einmal einschneiden.
Den Teigling mit Backpapier auf den Pizzastein im heißen Ofen schieben, 50 g warmes Wasser auf den Boden des Backofens gießen und in ca. 40 Min. fertig backen. Nach den ersten 10 Min. der Backzeit die Temperatur auf 200 °C reduzieren.

★ AXELS WISSENSBOX

Ein echt betörendes Brot: Nicht nur die Brennnesselsamen waren früher in den Klöstern wegen ihrer aphrodisierenden Wirkung verboten, auch den Kürbiskernen sowie dem Ginseng wird nachgesagt, dass sie die Leidenschaft anheizen.

Nonnenknacker

Für 6 Stück (à ca. 100 g)

ZUTATEN:

Quellstück

- 100 g heißer Brennnesseltee
- 20 g Leinsamen
- 20 g Haferflocken
- 20 g Erbsenschrot
- 25 g Brotbrösel (vom Vortag oder älter)

Teig

- 20 g frische Brennnesseln
- 185 g Quellstück
- 50 g Roggenmehl (Type 1150)
- 10 g frische Hefe
- 10 g Salz
- 225 g Dinkelmehl (Type 630)
- 175 g kalter Brennnesseltee
- 125 g Roggensauerteig (siehe S. 23)

★ AXEL WILL'S WISSEN
Keine Angst vor den Brennnesseln! Bereits nach dem Kneten stechen sie nicht mehr.

➸ **Quellstück** 275 g Brennnesseltee nach Packungsanweisung zubereiten. 175 g davon für den nächsten Tag beiseitestellen.
Leinsamen, Haferflocken, Erbsenschrot und Brotbrösel mit dem Schneebesen in einer Schüssel vermengen und 100 g heißen Brennnesseltee unterrühren. Die Masse abgedeckt ca. 16 Std. im Kühlschrank quellen lassen.

➸ **Teig** Die frischen Brennnesseln mit Handschuhen klein schneiden.
Alle Zutaten – bis auf die frischen Brennnesseln – mit dem Knethaken der Küchenmaschine in 4 Min. auf niedriger und weiteren 4 Min. auf hoher Stufe zu einem geschmeidigen Teig verkneten. Zuletzt die Brennnesseln dazugeben und kurz mitkneten.
Den Teig auf eine bemehlte Arbeitsfläche geben, in 6 Stücke à 120 g teilen und jedes Stück mit bemehlten Händen zu einer Kugel schleifen (siehe S. 33). Mit einem Geschirrtuch abdecken und auf der Arbeitsfläche ca. 20 Min. bei Zimmertemperatur reifen lassen.
Die gereiften Teigkugeln auf der bemehlten Arbeitsfläche jeweils zu einem Drittel zungenförmig ausrollen und mit einem runden Ausstecher (2–2,5 cm Durchmesser) Halbmonde am Teigrand ausstechen. Die Teigkugeln mit Wasser leicht anfeuchten, die Teigzungen jeweils darüberklappen und leicht andrücken.
Ein Backblech mit Backpapier belegen. Die Teiglinge mit etwas Roggenmehl absieben, auf das Backpapier setzen und abgedeckt 30 Min. bei Zimmertemperatur reifen lassen.

➸ **Back ma's** Gegen Ende der Reifezeit den Backofen auf 250 °C Ober-/Unterhitze vorheizen.
Das Backblech mit den gereiften Teiglingen in den heißen Ofen (Mitte) schieben, 50 g warmes Wasser auf den Boden des Backofens gießen und die Brötchen in ca. 20 Min. goldgelb backen.

Hanfkracher

Für 1 Form (20 x 30 cm)

ZUTATEN:

250 g frische Rote Bete
5 g Salz
abgeriebene Schale von
1 Bio-Limette
220 g Dinkelmehl
(Type 630)
30 g Kakaopulver
10 g Backpulver
200 g brauner Zucker
150 g Ei
100 g Zartbitterkuvertüre
40 g Milch (3,5% Fett)
125 g Pflanzenöl
100 g Hanfnüsse

Glasur
Rote-Bete-Saft
Saft von ½ Bio-Limette
Puderzucker

Außerdem
rechteckige Backform
(20 x 30 cm)

★ **AXELS SPECIAL**
Wer mag, kann die edlen Schnittchen noch mit Obst oder Schokolade dekorieren.

Die Rote Bete schälen (am besten mit Handschuhen) und fein reiben. In ein Abtropfsieb geben und mit Salz sowie dem Limettenabrieb mischen. 30 Min. abtropfen lassen, dabei die Flüssigkeit für die Glasur auffangen.

Mehl, Kakao- und Backpulver mit dem Schneebesen gründlich verrühren und fein sieben.

Zucker und Eier mit dem Rührbesen der Küchenmaschine auf hoher Stufe schaumig schlagen.

Inzwischen die Zartbitterkuvertüre im Wasserbad schmelzen und den Backofen auf 180 °C Umluft vorheizen.

Die Mehlmischung nach und nach mit der Milch und dem Öl in die Zucker-Ei-Masse geben und miteinander verrühren. (Wichtig: Mit den Flüssigkeiten beginnen und mit den trockenen Zutaten aufhören – und nicht zu lange rühren, da sonst die Masse in sich zusammenfällt.)

Nun die flüssige Zartbitterkuvertüre mit einem Spatel unter ständigem Rühren unter den Teig geben. Zuletzt die ausgedrückte Rote Bete und die Hanfnüsse unterheben.

Den Teig in die Backform füllen und im heißen Ofen (Mitte) 20–30 Min. backen. Nach der Backzeit aus dem Ofen nehmen, in der Form vollständig auskühlen lassen und dann stürzen.

➳ **Glasur** Inzwischen Rote-Bete- und Limettensaft in eine Schüssel geben. Den fein gesiebten Puderzucker dazugeben und mit dem Schneebesen so lange verrühren, bis sich eine glatte Masse mit honigähnlicher Konsistenz bildet.
Die Rote-Bete-Glasur auf dem fertig gebackenen Boden glatt verstreichen und diesen in beliebig große Stücke schneiden.

Energy-Power-Riegel

Für 1 Form (20 x 25 cm)

ZUTATEN:

750 g Energy Drink
50 g Butter
60 g gehobelte Mandeln
60 g gehackte Erdnüsse
75 g getrocknete Cranberrys
50 g kandierter Ingwer
50 g Ruby-Schokolade
80 g Haferflocken
50 g gepuffter Dinkel

Außerdem
rechteckige Backform (20 x 25 cm)

Den Backofen auf 180 °C Umluft vorheizen.

Den Energy Drink in einem Topf oder einer Pfanne in 20–30 Min. auf 100 g reduzieren. (Vorsicht: Je nach Topfgröße und Ausgangstemperatur kann es auch länger dauern.) Es sollte eine honigähnliche Konsistenz entstehen (Energy-Sirup). Die Butter dazugeben, alles kurz aufkochen und miteinander verrühren.

Mandeln und Erdnüsse im heißen Ofen (Mitte) in ca. 5–8 Min. goldgelb rösten.

Inzwischen Cranberrys, Ingwer und Ruby-Schokolade in Haferflockengröße zerkleinern und die Form mit Backpapier auslegen.

Mandeln, Erdnüsse, Cranberrys, Ingwer, Ruby-Schokolade, Haferflocken und gepufften Dinkel in einer Schüssel mit einem Löffel verrühren. Den noch warmen Energy-Sirup darübergeben und alles gut miteinander vermengen.

Die Masse in die Form füllen und mit viel Druck von oben zusammenpressen. (Wichtig: Es sollten keine Hohlräume bzw. Luftblasen entstehen.) Abgedeckt im Kühlschrank mindestens 1 Std., am besten über Nacht, auskühlen lassen.

Die gekühlte Masse aus der Form stürzen und mit einem Messer in beliebig große Riegel teilen.

★ AXELS KNOW-HOW
Ruby-Schokolade, die stylishe, junge Schokoladensorte, hat ihren Namen von ihrer Farbe. Und die kommt wiederum von den besonderen Kakaobohnen, aus denen Ruby-Schokolade gemacht wird: den Rubin-Kakaobohnen.

Kaffeebrot

Für 2 Brote (à ca. 500 g)

ZUTATEN:

Poolish
150 g Dinkelmehl (Type 630)
150 g kalter Kaffee
1 g frische Hefe

Quellstück
40 g Sonnenblumenkerne
40 g Kürbiskerne
20 g Sesamsaat
20 g Chiasamen
20 g Leinsamen
100 g kalter Kaffee

Hauptteig
300 g Poolish
240 g Quellstück
350 g Weizenmehl (Type 1050)
150 g kalter Kaffee
5 g frische Hefe
11 g Salz

Topping
50 g Dinkelflocken
50 g Kürbiskerne

Außerdem
2 runde Gärkörbe

➸ **Poolish** Alle Zutaten für den Poolish locker mit den Händen in einer Schüssel verkneten, bis der Kaffee gebunden ist. Den Teig abdecken und 8–12 Std. im Kühlschrank reifen lassen.

➸ **Quellstück** Alle Zutaten für das Quellstück – bis auf den Kaffee – in einem Topf unter ständigem Rühren goldgelb rösten. (Achtung: Brennt leicht an!) Mit dem Kaffee ablöschen und den Topf vom Herd nehmen. Dann den Topf abdecken und mindestens 10 Std. im Kühlschrank quellen lassen.

➸ **Hauptteig** Alle Zutaten für den Hauptteig mit dem Knethaken der Küchenmaschine 10 Min. auf mittlerer Stufe verkneten, bis der Teig glänzt und sich leicht vom Schüsselrand löst.
Den Teig auf eine bemehlte Arbeitsfläche geben, mit einem Geschirrtuch abdecken und ca. 30 Min. bei Zimmertemperatur reifen lassen.
Den Teig in 2 gleich große Stücke teilen und rund wirken (siehe S. 33).
Dinkelflocken und Kürbiskerne in einem tiefen Teller vermengen. Die Gärkörbe innen mit Mehl bestäuben. Die Oberfläche der Teiglinge mit Wasser anfeuchten und in die Dinkelflocken-Kürbiskern-Mischung drücken.
Die Teiglinge mit den Saaten nach unten in die Gärkörbe geben und mit einem Geschirrtuch abgedeckt bei Zimmertemperatur ca. 1 Std. reifen lassen.

➸ **Back ma's** Gegen Ende der Reifezeit den Backofen mit Pizzastein auf 250 °C Ober-/Unterhitze (Mitte) vorheizen. Nun die Teiglinge vorsichtig aus dem Gärkorb auf ein Backpapier stürzen. Die Oberseiten der Brote kreuzförmig einschneiden. Die Teiglinge mit dem Backpapier auf den Pizzastein in den heißen Ofen schieben, 50 g warmes Wasser auf den Boden des Backofens gießen und ca. 1 Std. backen. Nach den ersten 10 Min. Backzeit die Temperatur auf 180 °C reduzieren.

Gin-Tonic-Torte

Für 1 Torte (18 cm Durchmesser)

ZUTATEN:

Biskuitboden

200 g Ei
130 g Zucker
35 g Vanillezucker
abgeriebene Schale von 1 Bio-Limette
100 g Weizenmehl (Type 405)
70 g Speisestärke
50 g Butter

Buttercreme

120 g Eiweiß
200 g Zucker
250 g weiche Butter
30 g Gin
grüne Lebensmittelfarbe (nach Belieben)

Außerdem

100 g Gin Tonic
Heidelbeeren, Limette, Puderzucker
1 Springform (18 cm Durchmesser)
3 Spritzbeutel mit unterschiedlichen Tüllen

➳ **Biskuitboden** Eier, Zucker und Vanillezucker mit dem Rührbesen der Küchenmaschine schaumig schlagen. Den Limettenabrieb dazugeben.
Mehl und Stärke fein sieben, die Butter zerlassen.
Den Backofen auf 180 °C Umluft vorheizen und die Springform mit Backpapier auslegen.
Mehl, Stärke und Butter zu der Ei-Zucker-Masse geben und mit einem Spatel unterheben.
Die Biskuitmasse in die Springform füllen und ca. 30 Min. im heißen Ofen (Mitte) backen.
Inzwischen ein Backblech mit einem Geschirrtuch belegen.
Den fertig gebackenen Biskuit aus dem Ofen nehmen, sofort vorsichtig auf das Backblech stürzen und abkühlen lassen.

➳ **Buttercreme** Eiweiß und Zucker in einer Schüssel mit dem Schneebesen unter ständigem Rühren im Wasserbad auf ca. 60 °C erwärmen. Dann die Masse mit dem Rührbesen der Küchenmaschine schaumig schlagen. (Dabei sollte sich die Masse wieder auf Zimmertemperatur abkühlen.)
Butter und Gin zur Ei-Zucker-Masse geben und mit dem Rührbesen der Küchenmaschine cremig schlagen.
Die Buttercreme nach Packungsanweisung mit der grünen Lebensmittelfarbe in verschiedenen Farbnuancen einfärben und farblich getrennt in die Spritzbeutel mit unterschiedlichen Tüllen füllen.

➳ **Back ma's** Den abgekühlten Biskuit aus der Form lösen und dreimal quer durchschneiden. Den unteren Boden mit Gin Tonic beträufeln und die Buttercreme auf den Biskuitboden spritzen.
Den zweiten Boden daraufsetzen und den Vorgang wiederholen.
Zuletzt den oberen Biskuitboden daraufsetzen und ebenfalls Gin Tonic und Buttercreme daraufgeben. Zum krönenden Abschluss die Torte mit Heidelbeeren und Limettenstücken dekorieren und mit Puderzucker bestreuen.

Sachregister

A
Amarant 19
Anstellgut 34
Apfelessig 21
Ausbund 34

B
Bäckerleinen 29, 34
Backpulver 20
Backverlust 34
Besenstiel 28
Brot formen 32
Brotmesser 29
Brühstück 34
Buchweizen 19

D
Dampf 34
Dinkel 18

E
Ei 22
Einkorn 18
Emmer 18

F
Falten 31
Fenstertest 34
Frischhaltedose 28

G
Gärkorb 29
Gärtoleranz 34
Gerste 19
Geschirrtuch 29
Gewürze 22
Gluten 34

H
Hafer 19
Handrührgerät 29
Hefe 20
Hirse 19

I
Indirekte Führung 34

K
Kleines Messer 29
Kochstück 34
Küchenmaschine 29
Kuchenzucker 22

L
Lievito Madre 34

M
Maillard-Reaktion 35
Mais 19
Malz 22
Milchprodukte 21f.
Mutterkorn 35

N
Natriumhydrogencarbonat 35
Natursauerteig → Sauerteig
Nudelholz 28
Nüsse 21

O
Ofentrieb 35
Ölsaaten 21

P
Pizzastein 28f.
Poolish 35

Q
Quellstück 35
Quinoa 19

R
Reis 19
Roggen 18
Rösche 35
Rundwirken 33

S
Salz 21
Sauerteig (Natursauerteig) 20, 23, 25
Sauerteigführung 35
Schießen 35
Schleifen 33
Schneebesen 29
Stretchen und falten 31
Stückgare 35

T
Teigausbeute 35
Teigruhezeit 35
Teigschaber 28

V
Verkehrsbezeichnung 35

W
Waage 29
Wasser 21
Weinheimer Qualitätssauerteig 25
Weizen 18

Z
Zutaten verkneten 30

Rezeptregister

A

All-in-Burger 87
Apfel
- Apfelgranate 132
- Schneller Apfelkuchen in der Tasse 55

Apfelessig
- Bierretter-Brot 143
- Hafer-Dinkel-Vollkornbrot im Einmachglas 42
- Obazda-Schiffchen 56

Apfelgranate 132

B

Backpulver
- Blitzbrötchen aus der Pfanne 94
- Geile Birne 118
- Gepimpte Schokocookies 72
- Gluten-, aber nicht geschmacksfreie Brötchen 66
- Hanfkracher 177
- Kokosnusskuchen 121
- Reinkarnationsecken 155
- Sachertorte aus der Mikrowelle 100
- Schneller Apfelkuchen in der Tasse 55
- Sodabread 116
- Zitrustarte aus der Höllenglut 97

Baguetteteller 144
Band-Lieblingsbrot »Hämatom« 168
Bier
- Bierretter-Brot 143
- Evil Eye 167
- Kräuterring 135
- Wacken-rocks-Wecken 160

Birne
- Geile Birne 118

Bierretter-Brot 143
Blitzbrötchen aus der Pfanne 94
Brot ohne Mehl und Hefe 122
Brot-Paniermehl
- Band-Lieblingsbrot »Hämatom« 168
- Frankenkracher 69
- Phönix-Brot 146

Brotchips süß & salzig 151
Brotdöner 108
Butter
- All-in-Burger 87
- Apfelgranate 132
- Dixxxies 163
- Doubleburner 138
- Einhorn-Stockbrot im Ofenrohr 131
- Energy-Power-Riegel 181
- Geile Birne 118
- Gepimpte Schokocookies 72
- Gin-Tonic-Torte 184
- Himbeertwist 80
- Karamell-Schoko-Tarte 58
- Kokosnusskuchen 121
- Kräuterring 135
- Lavatörtchen vom Bügeleisen 91
- Moglerspieße »Sweet and Spicy« 125
- Parmesan-Lollies 98
- Partybrötchen 61
- Reinkarnationsecken 155
- Restequiche 152
- Rhabarbertartelettes mit Baiser 79
- Sachertorte aus der Mikrowelle 100
- Scharfe Churros 106
- Schneller Apfelkuchen in der Tasse 55
- Zitrustarte aus der Höllenglut 97

Buttermilch

- Reinkarnationsecken 155
- Sodabread 116

C

Chiasamen
- Brot ohne Mehl und Hefe 122
- Kaffeebrot 182

Crispy Buns 105
Currywurst-Stangen 126

D

Das einfachste Baguette der Welt 48
Das einfachste Brot der Welt 41
Die einfachsten Brötchen der Welt 45
Dinkelmehl (Type 630)
- All-in-Burger 87
- Bierretter-Brot 143
- Blitzbrötchen aus der Pfanne 94
- Brotdöner 108
- Currywurst-Stangen 126
- Das einfachste Brot der Welt 41
- Die einfachsten Brötchen der Welt 45
- Doubleburner 138
- Flammkuchen 111
- Glücksbrot 82
- Handbrot rustikal 75
- Hanfkracher 177
- Kaffeebrot 182
- Nonnenknacker 174
- Parmesan-Lollies 98
- Private-Label-Brot 159
- Reinkarnationsecken 155
- Schneller Apfelkuchen in der Tasse 55
- Sexy Brot 173
- Zitrustarte aus der Höllenglut 97

Dinkelvollkornmehl
- Bierretter-Brot 143
- Hafer-Dinkel-Vollkornbrot im Einmachglas 42
- Knäckebrot spezial 112
- Urgetreidetraum 64

Dixxxies 163
Doubleburner 138
Drei-Gänge-Stängle 136

E

Ei
- All-in-Burger 87
- Apfelgranate 132
- Crispy Buns 105
- Einhorn-Stockbrot im Ofenrohr 131
- Flammkuchen 111
- Geile Birne 118
- Gepimpte Schokocookies 72
- Gin-Tonic-Torte 184
- Gluten-, aber nicht geschmacksfreie Brötchen 66
- Hanfkracher 177
- Hefeteig »fearless« mit Vögelchen 52
- Himbeertwist 80
- Karamell-Schoko-Tarte 58
- Kokosnusskuchen 121
- Lavatörtchen vom Bügeleisen 91
- Reinkarnationsecken 155
- Restequiche 152
- Rhabarbertartelettes mit Baiser 79
- Sachertorte aus der Mikrowelle 100
- Scharfe Churros 106
- Schneller Apfelkuchen in der Tasse 55
- Zitrustarte aus der Höllenglut 97

Einhorn-Stockbrot im Ofenrohr 131
Emmermehl
- Urgetreidetraum 64

Energy-Power-Riegel 181
Evil Eye 167

F

Flammkuchen 111
Focaccia speciale 70
Frankenkracher 69

G

Geile Birne 118

Gepimpte Schokocookies 72
Gin-Tonic-Torte 184
Glücksbrot 82
Gluten-, aber nicht geschmacksfreie Brötchen 66

H

Hafer-Dinkel-Vollkornbrot im Einmachglas 42
Haferflocken
- Brot ohne Mehl und Hefe 122
- Energy-Power-Riegel 181
- Hafer-Dinkel-Vollkornbrot im Einmachglas 42
- Knäckebrot spezial 112
- Nonnenknacker 174

Haferkleie
- Glücksbrot 82

Handbrot rustikal 75
Hanfkracher 177
Hefe
- All-in-Burger 87
- Apfelgranate 132
- Baguetteteller 144
- Band-Lieblingsbrot »Hämatom« 168
- Bierretter-Brot 143
- Brotdöner 108
- Crispy Buns 105
- Currywurst-Stangen 126
- Das einfachste Baguette der Welt 48
- Das einfachste Brot der Welt 41
- Die einfachsten Brötchen der Welt 45
- Drei-Gänge-Stängle 136
- Einhorn-Stockbrot im Ofenrohr 131
- Evil Eye 167
- Flammkuchen 111
- Focaccia speciale 70
- Frankenkracher 69
- Glücksbrot 82
- Hafer-Dinkel-Vollkornbrot im Einmachglas 42
- Handbrot rustikal 75
- Hefeteig »fearless« mit Vögelchen 52
- Himbeertwist 80
- Kaffeebrot 182
- Kräuterring 135
- Moglerspieße »Sweet and Spicy« 125
- Nonnenknacker 174
- Obazda-Schiffchen 56
- Partybrötchen 61
- Phönix-Brot 146
- Pizza zum Niederknien 46
- Private-Label-Brot 159
- Sexy Brot 173
- Stockbrot am Feuer 92
- Urgetreidetraum 64
- Wacken-rocks-Wecken 160
- Wurzelbrot Ruchmehl 84

Hefeteig »fearless« mit Vögelchen 52
Himbeertwist 80
Honig
- Apfelgranate 132
- Brot ohne Mehl und Hefe 122
- Crispy Buns 105
- Sodabread 116
- Wacken-rocks-Wecken 160

K

Kaffeebrot 182
Kakaopulver
- Dixxxies 163
- Geile Birne 118
- Hanfkracher 177
- Sachertorte aus der Mikrowelle 100

Karamell-Schoko-Tarte 58
Knäckebrot spezial 112
Kokosnusskuchen 121
Kräuterring 135
Kürbiskerne
- Brot ohne Mehl und Hefe 122
- Glücksbrot 82
- Kaffeebrot 182
- Partybrötchen 61
- Sexy Brot 173

L
Lavatörtchen vom Bügeleisen 91
Leinsamen
- Bierretter-Brot 143
- Brot ohne Mehl und Hefe 122
- Gluten-, aber nicht geschmacksfreie Brötchen 66
- Kaffeebrot 182
- Knäckebrot spezial 112
- Nonnenknacker 174
- Partybrötchen 61
- Urgetreidetraum 64

Limette
- Apfelgranate 132
- Gin-Tonic-Torte 184
- Hanfkracher 177
- Himbeertwist 80
- Scharfe Churros 106
- Zitrustarte aus der Höllenglut 97

M
Mandelmehl
- Gluten-, aber nicht geschmacksfreie Brötchen 66

Milch
- All-in-Burger 87
- Apfelgranate 132
- Crispy Buns 105
- Dixxxies 163
- Einhorn-Stockbrot im Ofenrohr 131
- Geile Birne 118
- Hanfkracher 177
- Hefeteig »fearless« mit Vögelchen 52
- Himbeertwist 80
- Moglerspieße »Sweet and Spicy« 125
- Reinkarnationsecken 155

Moglerspieße »Sweet and Spicy« 125

N
Natursauerteig selbst herstellen 23ff.
Nonnenknacker 174

O
Obazda-Schiffchen 56

P
Parmesan-Lollies 98
Partybrötchen 61
Phönix-Brot 146
Pizza zum Niederknien 46
Private-Label-Brot 159

R
Reinkarnationsecken 155
Restequiche 152
Rhabarbertartelettes mit Baiser 79
Roggenmehl (Type 1150)
- Frankenkracher 69
- Nonnenknacker 174
- Obazda-Schiffchen 56
- Private-Label-Brot 159

Roggenvollkornmehl
- Natursauerteig selbst herstellen 23ff.

Ruchmehl
- Wurzelbrot Ruchmehl 84

S
Sachertorte aus der Mikrowelle 100
Sahne
- Apfelgranate 132
- Karamell-Schoko-Tarte 58
- Reinkarnationsecken 155
- Restequiche 152
- Rhabarbertartelettes mit Baiser 79
- Scharfe Churros 106

Sauerteig
- Frankenkracher 69
- Nonnenknacker 174
- Private-Label-Brot 159

Scharfe Churros 106
Schneller Apfelkuchen in der Tasse 55
Sexy Brot 173

Sodabread 116
Sonnenblumenkerne
- Brot ohne Mehl und Hefe 122
- Gluten-, aber nicht geschmacksfreie Brötchen 66
- Kaffeebrot 182
- Knäckebrot spezial 112
Stockbrot am Feuer 92

U

Urgetreidetraum 64

W

Wacken-rocks-Wecken 160
Weizenmehl (Type 405)
- Brotdöner 108
- Dixxxies 163
- Drei-Gänge-Stängle 136
- Einhorn-Stockbrot im Ofenrohr 131
- Evil Eye 167
- Focaccia speciale 70
- Gin-Tonic-Torte 184
- Hefeteig »fearless« mit Vögelchen 52
- Kokosnusskuchen 121
- Lavatörtchen vom Bügeleisen 91
- Moglerspieße »Sweet and Spicy« 125
- Parmesan-Lollies 98
- Phönix-Brot 146
- Pizza zum Niederknien 46
- Restequiche 152
- Rhabarbertartelettes mit Baiser 79
- Schneller Apfelkuchen in der Tasse 55
- Sodabread 116
- Stockbrot am Feuer 92
Weizenmehl (Type 550)
- All-in-Burger 87
- Apfelgranate 132
- Baguetteteller 144
- Band-Lieblingsbrot »Hämatom« 168
- Blitzbrötchen aus der Pfanne 94
- Brotdöner 108
- Crispy Buns 105
- Das einfachste Baguette der Welt 48
- Drei-Gänge-Stängle 136
- Einhorn-Stockbrot im Ofenrohr 131
- Evil Eye 167
- Flammkuchen 111
- Geile Birne 118
- Gepimpte Schokocookies 72
- Handbrot rustikal 75
- Himbeertwist 80
- Karamell-Schoko-Tarte 58
- Kräuterring 135
- Lavatörtchen vom Bügeleisen 91
- Moglerspieße »Sweet and Spicy« 125
- Partybrötchen 61
- Pizza zum Niederknien 46
- Restequiche 152
- Rhabarbertartelettes mit Baiser 79
- Sachertorte aus der Mikrowelle 100
- Scharfe Churros 106
- Schneller Apfelkuchen in der Tasse 55
- Sexy Brot 173
- Sodabread 116
- Wacken-rocks-Wecken 160
Weizenmehl (Type 1050)
- Frankenkracher 69
- Kaffeebrot 182
- Obazda-Schiffchen 56
Weizenvollkornmehl
- Band-Lieblingsbrot »Hämatom« 168
Wurzelbrot Ruchmehl 84

Z

Zitrone
- Geile Birne 118
- Hefeteig »fearless« mit Vögelchen 52
- Karamell-Schoko-Tarte 58
- Moglerspieße »Sweet and Spicy« 125
- Rhabarbertartelettes mit Baiser 79
Zitrustarte aus der Höllenglut 97

IMPRESSUM

© 2022 GRÄFE UND UNZER VERLAG GMBH,
Grillparzerstraße 8, 81675 München

GU ist eine eingetragene Marke der
GRÄFE UND UNZER VERLAG GmbH

ISBN 978-3-8338-8594-5

12. Auflage 2026

Alle Rechte vorbehalten. Nachdruck, auch auszugsweise, sowie Verbreitung nur mit schriftlicher Genehmigung des Verlages. Ohne die ausschließlichen Rechte des Autors und des Verlags einzuschränken, ist die Nutzung dieser Publikation zum Training generativer KI-Technologien ohne ausdrückliche Genehmigung untersagt. HarperCollins behält sich zudem gemäß Artikel 4 Absatz 3 der Richtlinie 2019/790 über den digitalen Binnenmarkt das Recht vor, diese Publikation von der Text- und Data-Mining-Ausnahme auszuschließen.

Projektleitung: Alexandra Bauer (textwerk, München), Simone Kohl
Text & Redaktion: Alexandra Bauer (textwerk, München)
Lektorat: Karin Leonhart für textwerk, München
Coverfoto & Fotografie: Ingo Hilger
Weitere Fotos: Getty Images, ulimi (Staub): S. 4, 5, 7, 12, 18, 20, 23, 24, 26, 27, 31-34, 38, 63, 88, 115, 140, 156, 171, 186-191; privat, Axel Schmitt: S. 164 unten, oben li.
Illustration: iStock, saenal78: S. 18, 20, 28, 30, 34
Umschlaggestaltung & Layout: ki36 Editorial Design, Bettina Stickl
Herstellung: Markus Plötz
Satz: Nadine Thiel, kreativsatz, Baldham
Repro: Ludwig, Zell am See
Druck: Firmengruppe APPL, Wemding
Bindung: Conzella, Pfarrkirchen

Printed in Germany

www.gu.de/kontakt | hallo@gu.de